妙法莲华经

姚秦．三藏法师．鸠摩罗什　译

竹和松出版社

竹和松出版社（Zhu & Song Press）
Zhu & Song Press, LLC
www.zhuandsongpress.com

责任编辑：朱晓红
封面设计：朱朱莉

ISBN-13：978-1-950407-00-2
ISBN-10：1-950407-00-4

妙法莲华经

姚秦．三藏法师．鸠摩罗什　译

开经偈

无上甚深微妙法　　百千万劫难遭遇
我今见闻得受持　　愿解如来真实义

目录

卷第一..1
　序品第一..1
　方便品第二..9
卷第二..21
　譬喻品第三..21
　信解品第四..34
卷第三..43
　药草喻品第五..43
　授记品第六..47
　化城喻品第七..51
卷第四..65
　五百弟子授记品第八..65
　授学无学人记品第九..70
　法师品第十..73
　见宝塔品第十一..77
　提婆达多品第十二..82
　劝持品第十三..85
卷第五..91
　安乐行品第十四..91
　从地涌出品第十五..98

如来寿量品第十六................... 103
　　分别功德品第十七................... 107
卷第六................................. 115
　　随喜功德品第十八................... 115
　　法师功德品第十九................... 118
　　常不轻菩萨品第廿................... 124
　　如来神力品第廿一................... 127
　　嘱累品第廿二....................... 129
　　药王菩萨本事品第廿三............... 130
卷第七................................. 137
　　妙音菩萨品第廿四................... 137
　　观世音菩萨普门品第廿五............. 141
　　陀罗尼品第廿六..................... 146
　　妙庄严王本事品第廿七............... 149
　　普贤菩萨劝发品第廿八............... 153

卷第一

序品第一

如是我闻。一时，佛住王舍城耆阇崛山中。与大比丘众万二千人俱。皆是阿罗汉，诸漏已尽，无复烦恼，逮得己利，尽诸有结，心得自在。其名曰：阿若憍陈如、摩诃迦叶、优楼频螺迦叶、伽耶迦叶、那提迦叶、舍利弗、大目犍连、摩诃迦旃延、阿[上少下免]楼驮、劫宾那、憍梵波提、离婆多、毕陵伽婆蹉、薄拘罗、摩诃拘絺罗、难陀、孙陀罗难陀、富楼那弥多罗尼子、须菩提、阿难、罗睺罗，如是众所知识大阿罗汉等。复有学、无学二千人。摩诃波阇波提比丘尼，与眷属六千人俱。罗睺罗母耶输陀罗比丘尼，亦与眷属俱。菩萨摩诃萨八万人。皆于阿耨多罗三藐三菩提不退转，皆得陀罗尼，乐说辩才，转不退转法轮，供养无量百千诸佛，于诸佛所植众德本；常为诸佛之所称叹。以慈修身，善入佛慧，通达大智，到于彼岸，名称普闻无量世界，能度无数百千众生。其名曰：文殊师利菩萨、观世音菩萨、得大势菩萨、常精进菩萨、不休息菩萨、宝掌菩萨、药王菩萨、勇施菩萨、宝月菩萨、月光菩萨、满月菩萨、大力菩萨、无量力菩萨、越三界菩萨、跋陀婆罗菩萨、弥勒菩萨、宝积菩萨、导师菩萨，如是等菩萨摩诃萨八万人俱。

尔时，释提桓因与其眷属二万天子俱。复有明月天子、普香天子、宝光天子、四大天王，与其眷属万天子俱。自在天子、大自在天子，与其眷属三万天子俱。娑婆世界主梵天王、尸弃大梵、光明大梵等，与其眷属万二千天子俱。有八龙王：难陀龙王、跋难陀龙王、娑伽罗龙王、和修吉龙王、德叉迦龙王、阿那婆达多龙王、摩那斯龙王、优钵罗龙王等，各与若干百千眷属俱。有四紧那罗王：法紧那罗王、妙法紧那罗王、大法紧那罗王、持法紧那罗王，各与若干百千眷属俱。有四乾闼婆王：乐乾闼婆王、乐音乾闼婆王、美乾闼婆王、美音乾闼婆王，各与若干百千眷属俱。有四阿修罗王：婆稚阿修罗王、佉罗骞驮阿修罗王、毗摩质多罗阿修罗王、罗睺阿修罗王，各与若干百千眷属俱。有四迦楼罗王：大威德迦楼罗王、大身迦楼罗王、大满迦楼罗王、如意迦楼罗王，各与若干百千眷属俱。韦提希子阿阇世王，与若干百千眷属俱。各礼佛足，退坐一面。

尔时世尊，四众围绕，供养恭敬，尊重赞叹。为诸菩萨说大乘经，名无量义，教菩萨法，佛所护念。佛说此经已，结跏趺坐，入于无量义处三昧，身心不动。是时，天雨曼陀罗华、摩诃曼陀罗华、曼殊沙华、摩诃曼殊沙华，而散佛上，及诸大众。普佛世界，六种震动。

尔时，会中比丘、比丘尼，优婆塞、优婆夷，天、龙、夜叉、乾闼婆、阿修罗、迦楼罗、紧那罗、摩睺罗伽、人非人，及诸小王、转轮圣王，是诸大众，得未曾有，欢喜合掌，一心观佛。

尔时，佛放眉间白毫相光，照东方万八千世界，靡不周遍；下至阿鼻地狱，上至阿迦尼吒天。于此世界，尽见彼土六趣众生 。又见彼土，现在诸佛。及闻诸佛所说经法。并见彼诸比丘、比丘尼，优婆塞、优婆夷，诸修行得道者。复见诸菩萨摩诃萨，种种因缘、种种信解、种种相貌，行菩萨道 。复见诸佛般涅槃者；复见诸佛般涅槃后，以佛舍利起七宝塔。

尔时，弥勒菩萨作是念：今者世尊现神变相，以何因缘而有此瑞？今佛世尊入于三昧，是不可思议，现希有事，当以问谁？谁能答者？复作此念：是文殊师利法王之子，已曾亲近供养过去无量诸佛，必应见此希有之相，我今当问。尔时比丘、比丘尼、优婆塞、优婆夷，及诸天龙鬼神等，咸作此念：是佛光明神通之相，今当问谁？尔时，弥勒菩萨欲自决疑；又观四众比丘、比丘尼、优婆塞、优婆夷，及诸天龙鬼神等，众会之心。而问文殊师利言：以何因缘而有此瑞，神通之相，放大光明，照于东方万八千土，悉见彼佛国界庄严？于是弥勒菩萨欲重宣此义，以偈问曰：

文殊师利　导师何故　眉间白毫　大光普照
雨曼陀罗　曼殊沙华　栴檀香风　悦可众心
以是因缘　地皆严净　而此世界　六种震动
时四部众　咸皆欢喜　身意快然　得未曾有
眉间光明　照于东方　万八千土　皆如金色
从阿鼻狱　上至有顶　诸世界中　六道众生
生死所趣　善恶业缘　受报好丑　于此悉见
又睹诸佛　圣主师子　演说经典　微妙第一
其声清净　出柔软音　教诸菩萨　无数亿万
梵音深妙　令人乐闻　各于世界　讲说正法
种种因缘　以无量喻　照明佛法　开悟众生
若人遭苦　厌老病死　为说涅槃　尽诸苦际
若人有福　曾供养佛　志求胜法　为说缘觉
若有佛子　修种种行　求无上慧　为说净道
文殊师利　我住于此　见闻若斯　及千亿事
如是众多　今当略说
我见彼土　恒沙菩萨　种种因缘　而求佛道
或有行施　金银珊瑚　真珠摩尼　砗磲玛瑙
金刚诸珍　奴婢车乘　宝饰辇舆　欢喜布施
回向佛道　愿得是乘　三界第一　诸佛所叹

或有菩萨　驷马宝车　栏楯华盖　轩饰布施
复见菩萨　身肉手足　及妻子施　求无上道
又见菩萨　头目身体　欣乐施与　求佛智慧
文殊师利　我见诸王　往诣佛所　问无上道
便舍乐土　宫殿臣妾　剃除须发　而被法服
或见菩萨　而作比丘　独处闲静　乐诵经典
又见菩萨　勇猛精进　入于深山　思惟佛道
又见离欲　常处空闲　深修禅定　得五神通
又见菩萨　安禅合掌　以千万偈　赞诸法王
复见菩萨　智深志固　能问诸佛　闻悉受持
又见佛子　定慧具足　以无量喻　为众讲法
欣乐说法　化诸菩萨　破魔兵众　而击法鼓
又见菩萨　寂然宴默　天龙恭敬　不以为喜
又见菩萨　处林放光　济地狱苦　令入佛道
又见佛子　未尝睡眠　经行林中　勤求佛道
又见具戒　威仪无缺　净如宝珠　以求佛道
又见佛子　住忍辱力　增上慢人　恶骂捶打
皆悉能忍　以求佛道
又见菩萨　离诸戏笑　及痴眷属　亲近智者
一心除乱　摄念山林　亿千万岁　以求佛道
或见菩萨　肴膳饮食　百种汤药　施佛及僧
名衣上服　价值千万　或无价衣　施佛及僧
千万亿种　栴檀宝舍　众妙卧具　施佛及僧
清净园林　华果茂盛　流泉浴池　施佛及僧
如是等施　种种微妙　欢喜无厌　求无上道
或有菩萨　说寂灭法　种种教诏　无数众生
或见菩萨　观诸法性　无有二相　犹如虚空
又见佛子　心无所著　以此妙慧　求无上道
文殊师利　又有菩萨　佛灭度后　供养舍利
又见佛子　造诸塔庙　无数恒沙　严饰国界
宝塔高妙　五千由旬　纵广正等　二千由旬
一一塔庙　各千幢幡　珠交露幔　宝铃和鸣

— 4 —

诸天龙神	人及非人	香华伎乐	常以供养
文殊师利	诸佛子等	为供舍利	严饰塔庙
国界自然	殊特妙好	如天树王	其华开敷
佛放一光	我及众会	见此国界	种种殊妙
诸佛神力	智慧希有	放一净光	照无量国
我等见此	得未曾有	佛子文殊	愿决众疑
四众欣仰	瞻仁及我	世尊何故	放斯光明
佛子时答	决疑令喜	何所饶益	演斯光明
佛坐道场	所得妙法	为欲说此	为当授记
示诸佛土	众宝严净	及见诸佛	此非小缘
文殊当知	四众龙神	瞻察仁者	为说何等

尔时，文殊师利语弥勒菩萨摩诃萨，及诸大士：善男子等！如我惟忖，今佛世尊欲说大法，雨大法雨，吹大法螺，击大法鼓，演大法义。诸善男子！我于过去诸佛，曾见此瑞，放斯光已，即说大法。是故当知今佛现光，亦复如是；欲令众生，咸得闻知一切世间难信之法，故现斯瑞。诸善男子，如过去无量无边不可思议阿僧祇劫，尔时有佛，号日月灯明如来、应供、正遍知、明行足、善逝、世间解、无上士、调御丈夫、天人师、佛、世尊。演说正法，初善、中善、后善，其义深远，其语巧妙，纯一无杂，具足清白梵行之相。为求声闻者，说应四谛法；度生老病死，究竟涅槃。为求辟支佛者，说应十二因缘法。为诸菩萨，说应六波罗蜜；令得阿耨多罗三藐三菩提，成一切种智。次复有佛，亦名日月灯明。次复有佛，亦名日月灯明。如是二万佛皆同一字，号日月灯明，又同一姓，姓颇罗堕。弥勒当知！初佛后佛，皆同一字，名日月灯明；十号具足，所可说法，初中后善。

其最后佛未出家时，有八王子：一名有意，二名善意，三名无量意，四名宝意，五名增意，六名除疑意，七名响意，八名法意；是八王子，威德自在，各领四天下。是诸王子，闻父出家，得阿耨多罗三藐三菩提；悉舍王位，亦随出家，发大乘意，常修梵行，皆为法师，已于千万佛所，植诸善本。是时，日月灯明佛说大乘经，名无量义，教菩萨法，佛所护念。说是经已，即于大众中结跏趺坐，入于无量义处三昧，身心不动。是时，天雨曼陀罗华、摩诃曼陀罗华、曼殊沙华、摩诃曼殊沙华，而散佛上，及诸大众；普佛世界，六种震动。尔时会中，比丘、比丘尼，优婆塞、优婆夷、天、龙、夜叉、乾闼婆、阿修罗、迦楼罗、紧那罗、摩睺罗伽、人非人，及诸小王、转轮圣王等，是诸大众得未曾有，欢喜合掌，一心观佛。

尔时，如来放眉间白毫相光，照东方万八千佛土，靡不周遍；如今所见，是诸佛土。弥勒当知！尔时会中有二十亿菩萨乐欲听法，是诸菩萨见此光明普照佛土，得未曾有，欲知此光所为因缘？时有菩萨名曰妙光，有八百弟子。是时日月灯明佛从三昧起；因妙光菩萨说大乘经，名妙法莲华，教菩萨法，佛所护念。六十小劫，不起于座。时会听者，亦坐一处，六十小劫，身心不动，听佛所说，谓如食顷；是时众中，无有一人，若身若心而生懈倦。日月灯明佛于六十小劫，说是经已；即于梵、魔、沙门、婆罗门，及天、人、阿修罗众中，而宣此言：如来于今日中夜，当入无余涅槃。

时有菩萨名曰德藏，日月灯明佛即授其记，告诸比丘：是德藏菩萨次当作佛，号曰净身，多陀阿伽度阿罗诃三藐三佛陀。佛授记已，便于中夜，入无余涅槃。佛灭度后，妙光菩萨持妙法莲华经，满八十小劫，为人演说。日月灯明佛八子，皆师妙光；妙光教化，令其坚固阿耨多罗三藐三菩提。是诸王子，供养无量百千万亿佛已，皆成佛道；其最后成佛者，名曰然灯。八百弟子中有一人，号曰求名，贪着利养；虽复读诵众经而不通利，多所忘失，故号求名。是人亦以种诸善根因缘故，得值无量百千万亿诸佛，供养恭敬，尊重赞叹。弥勒当知！尔时妙光菩萨岂异人乎？我身是也。求名菩萨，汝身是也。今见此瑞与本无异，是故惟忖：今日如来当说大乘经，名妙法莲华，教菩萨法，佛所护念。尔时，文殊师利于大众中，欲重宣此义，而说偈言：

我念过去世　无量无数劫　有佛人中尊　号日月灯明
世尊演说法　度无量众生　无数亿菩萨　令入佛智慧
佛未出家时　所生八王子　见大圣出家　亦随修梵行
时佛说大乘　经名无量义　于诸大众中　而为广分别
佛说此经已　即于法座上　跏趺坐三昧　名无量义处
天雨曼陀华　天鼓自然鸣　诸天龙鬼神　供养人中尊
一切诸佛土　即时大震动　佛放眉间光　现诸希有事
此光照东方　万八千佛土　示一切众生　生死业报处
有见诸佛土　以众宝庄严　琉璃玻璃色　斯由佛光照
及见诸天人　龙神夜叉众　乾闼紧那罗　各供养其佛
又见诸如来　自然成佛道　身色如金山　端严甚微妙
如净琉璃中　内现真金像　世尊在大众　敷演深法义
一一诸佛土　声闻众无数　因佛光所照　悉见彼大众
或有诸比丘　在于山林中　精进持净戒　犹如护明珠
又见诸菩萨　行施忍辱等　其数如恒沙　斯由佛光照
又见诸菩萨　深入诸禅定　身心寂不动　以求无上道
又见诸菩萨　知法寂灭相　各于其国土　说法求佛道
尔时四部众　见日月灯佛　现大神通力　其心皆欢喜
各各自相问　是事何因缘
天人所奉尊　适从三昧起　赞妙光菩萨　汝为世间眼
一切所归信　能奉持法藏　如我所说法　唯汝能证知
世尊既赞叹　令妙光欢喜　说是法华经
满六十小劫　不起于此座　所说上妙法　是妙光法师
悉皆能受持
佛说是法华　令众欢喜已　寻即于是日　告于天人众
诸法实相义　已为汝等说　我今于中夜　当入于涅槃

汝一心精进
世尊诸子等
圣主法之王
是德藏菩萨
号曰为净身
佛此夜灭度
比丘比丘尼
是妙光法师
是诸八王子
供养诸佛已
最后天中天
是妙光法师
求名利无厌
以是因缘故
供养于诸佛
其后当作佛
彼佛灭度后
我见灯明佛
今相如本瑞
诸人今当知
诸求三乘人

当离于放逸
闻佛入涅槃
安慰无量众
于无漏实相
亦度无量众
如薪尽火灭
其数如恒沙
奉持佛法藏
妙光所开化
随顺行大道
号曰燃灯佛
时有一弟子
多游族姓家
号之为求名
随顺行大道
号名曰弥勒
懈怠者汝是
本光瑞如此
是诸佛方便
合掌一心待
若有疑悔者

诸佛甚难值
各各怀悲恼
我若灭度时
心已得通达

分布诸舍利
倍复加精进
八十小劫中
坚固无上道
相继得成佛
诸仙之导师
心常怀懈怠
弃舍所习诵
亦行众善业
具六波罗蜜
广度诸众生
妙光法师者
以是知今佛
今佛放光明
佛当雨法雨
佛当为除断

亿劫时一遇
佛灭一何速
汝等勿忧怖
其次当作佛

而起无量塔
以求无上道
广宣法华经
当见无数佛
转次而授记
度脱无量众
贪着于名利
废忘不通利
得见无数佛
今见释师子
其数无有量
今则我身是
欲说法华经
助发实相义
充足求道者
令尽无有余

8

方便品第二

尔时，世尊从三昧安详而起，告舍利弗：诸佛智慧甚深无量，其智慧门，难解难入，一切声闻、辟支佛所不能知。所以者何？佛曾亲近百千万亿无数诸佛，尽行诸佛无量道法，勇猛精进，名称普闻。成就甚深未曾有法，随宜所说，意趣难解。

舍利弗！吾从成佛以来，种种因缘，种种譬喻，广演言教，无数方便引导众生，令离诸着。所以者何？如来方便知见波罗蜜，皆已具足。舍利弗！如来知见，广大深远。无量无碍，力无所畏；禅定解脱三昧，深入无际，成就一切未曾有法。舍利弗！如来能种种分别，巧说诸法，言辞柔软，悦可众心。舍利弗！取要言之，无量无边未曾有法，佛悉成就。

止！舍利弗！不须复说。所以者何？佛所成就第一稀有难解之法，唯佛与佛乃能究尽诸法实相；所谓诸法，如是相、如是性、如是体、如是力、如是作、如是因、如是缘、如是果、如是报、如是本末究竟等。尔时，世尊欲重宣此义，而说偈言：

世雄不可量	诸天及世人	一切众生类	无能知佛者
佛力无所畏	解脱诸三昧	及佛诸余法	无能测量者
本从无数佛	具足行诸道	甚深微妙法	难见难可了
于无量亿劫	行此诸道已	道场得成果	我已悉知见
如是大果报	种种性相义	我及十方佛	乃能知是事
是法不可示	言辞相寂灭	诸余众生类	无有能得解
除诸菩萨众	信力坚固者	诸佛弟子众	曾供养诸佛
一切漏已尽	住是最后身	如是诸人等	其力所不堪

假使满世间	皆如舍利弗	尽思共度量	不能测佛智
正使满十方	皆如舍利弗	及余诸弟子	亦满十方刹
尽思共度量	亦复不能知		
辟支佛利智	无漏最后身	亦满十方界	其数如竹林
斯等共一心	于亿无量劫	欲思佛实智	莫能知少分
新发意菩萨	供养无数佛	了达诸义趣	又能善说法
如稻麻竹苇	充满十方刹	一心以妙智	于恒河沙劫
咸皆共思量	不能知佛智		
不退诸菩萨	其数如恒沙	一心共思求	亦复不能知
又告舍利弗	无漏不思议	甚深微妙法	我今已具得
唯我知是相	十方佛亦然		
舍利弗当知	诸佛语无异	于佛所说法	当生大信力
世尊法久后	要当说真实		
告诸声闻众	及求缘觉乘	我令脱苦缚	逮得涅槃者
佛以方便力	示以三乘教	众生处处着	引之令得出

尔时，大众中有诸声闻、漏尽阿罗汉，阿若憍陈如等千二百人；及发声闻辟支佛心，比丘、比丘尼、优婆塞、优婆夷，各作是念：今者世尊！何故殷勤称叹方便，而作是言。佛所得法，甚深难解，有所言说，意趣难知，一切声闻、辟支佛所不能及。佛说一解脱义，我等亦得此法到于涅槃，而今不知是义所趣。

尔时，舍利弗知四众心疑，自亦未了，而白佛言：世尊！何因何缘，殷勤称叹诸佛第一方便，甚深微妙难解之法？我自昔来，未曾从佛闻如是说；今者，四众咸皆有疑。惟愿世尊，敷演斯事。世尊何故，殷勤称叹甚深微妙难解之法？尔时，舍利弗欲重宣此义，而说偈言：

慧日大圣尊	久乃说是法		
自说得如是	力无畏三昧	禅定解脱等	不可思议法
道场所得法	无能发问者	我意难可测	亦无能问者

无问而自说	称叹所行道	智慧甚微妙	诸佛之所得
无漏诸罗汉	及求涅槃者	今皆堕疑网	佛何故说是
其求缘觉者	比丘比丘尼	诸天龙鬼神	及乾闼婆等
相视怀犹豫	瞻仰两足尊	是事为云何	愿佛为解说
于诸声闻众	佛说我第一	我今自于智	疑惑不能了
为是究竟法	为是所行道		
佛口所生子	合掌瞻仰待	愿出微妙音	时为如实说
诸天龙神等	其数如恒沙	求佛诸菩萨	大数有八万
又诸万亿国	转轮圣王至	合掌以敬心	欲闻具足道

尔时，佛告舍利弗：止！止！不须复说。若说是事，一切世间诸天及人，皆当惊疑。舍利弗重白佛言：世尊！惟愿说之！惟愿说之！所以者何？是会无数百千万亿阿僧祇众生，曾见诸佛，诸根猛利，智慧明了，闻佛所说，则能敬信。尔时，舍利弗欲重宣此义，而说偈言：

法王无上尊	惟说愿勿虑	是会无量众	有能敬信者

佛复止舍利弗：若说是事，一切世间天人阿修罗，皆当惊疑；增上慢比丘，将坠于大坑。尔时，世尊重说偈言：

止止不须说	我法妙难思	诸增上慢者	闻必不敬信

尔时，舍利弗重白佛言：世尊！惟愿说之！惟愿说之！今此会中，如我等比，百千万亿，世世已曾从佛受化；如此人等必能敬信，长夜安隐，多所饶益。尔时，舍利弗欲重宣此义，而说偈言：

无上两足尊	愿说第一法	我为佛长子	惟垂分别说
是会无量众	能敬信此法	佛已曾世世	教化如是等
皆一心合掌	欲听受佛语	我等千二百	及余求佛者
愿为此众故	惟垂分别说	是等闻此法	则生大欢喜

尔时，世尊告舍利弗：汝已殷勤三请，岂得不说。汝今谛听，善思念之，吾当为汝分别解说。说此语时，会中有比丘、比丘尼、优婆塞、优婆夷五千人等，即从座起，礼佛而退。所以者何？此辈罪根深重，及增上慢，未得谓得，未证谓证，有如此失，是以不住。世尊默然而不制止。尔时，佛告舍利弗：我今此众，无复枝叶，纯有真实。舍利弗！如是增上慢人，退亦佳矣！汝今善听，当为汝说。舍利弗言：唯然，世尊！愿乐欲闻。

佛告舍利弗：如是妙法，诸佛如来时乃说之；如优昙钵华，时一现耳。舍利弗！汝等当信佛之所说，言不虚妄。舍利弗！诸佛随宜说法，意趣难解。所以者何？我以无数方便、种种因缘、譬喻言辞，演说诸法。是法，非思量分别之所能解，唯有诸佛乃能知之。所以者何？诸佛世尊，唯以一大事因缘故，出现于世。舍利弗！云何名诸佛世尊，唯以一大事因缘故，出现于世？诸佛世尊，欲令众生开佛知见，使得清净故，出现于世；欲示众生佛之知见故，出现于世；欲令众生悟佛知见故，出现于世；欲令众生入佛知见道故，出现于世。舍利弗！是为诸佛以一大事因缘故，出现于世。

佛告舍利弗！诸佛如来，但教化菩萨，诸有所作，常为一事，唯以佛之知见，示悟众生。舍利弗！如来但以一佛乘故，为众生说法，无有余乘，若二若三。舍利弗！一切十方诸佛，法亦如是。舍利弗！过去诸佛，以无量无数方便、种种因缘、譬喻言辞，而为众生演说诸法，是法皆为一佛乘故。是诸众生，从诸佛闻法，究竟皆得一切种智。舍利弗！未来诸佛当出于世，亦以无量无数方便、种种因缘、譬喻言辞，而为众生演说诸法，是法皆为一佛乘故。是诸众生，从佛闻法，究竟皆得一切种智。舍利佛！现在十方无量百千万亿佛土中，诸佛世尊，多所饶益，安乐众生；

是诸佛,亦以无量无数方便、种种因缘、譬喻言辞,而为众生演说诸法,是法皆为一佛乘故。是诸众生,从佛闻法,究竟皆得一切种智。

舍利弗!是诸佛但教化菩萨,欲以佛之知见示众生故,欲以佛之知见悟众生故,欲令众生入佛之知见故。舍利弗!我今亦复如是,知诸众生有种种欲,深心所著;随其本性,以种种因缘、譬喻言辞、方便力,而为说法。舍利弗!如此,皆为得一佛乘、一切种智故。舍利弗!十方世界中,尚无二乘,何况有三。

舍利弗!诸佛出于五浊恶世,所谓劫浊、烦恼浊、众生浊、见浊、命浊。如是,舍利弗!劫浊乱时,众生垢重,悭贪嫉妒,成就诸不善根故,诸佛以方便力,于一佛乘,分别说三。舍利弗!若我弟子,自谓阿罗汉、辟支佛者,不闻不知诸佛如来但教化菩萨事,此非佛弟子、非阿罗汉、非辟支佛。又舍利弗!是诸比丘、比丘尼,自谓已得阿罗汉,是最后身,究竟涅槃,便不复志求阿耨多罗三藐三菩提,当知此辈皆是增上慢人。所以者何?若有比丘实得阿罗汉,若不信此法,无有是处。除佛灭度后,现前无佛。所以者何?佛灭度后,如是等经,受持读诵解义者,是人难得。若遇余佛,于此法中,便得决了。舍利弗!汝等当一心信解、受持佛语。诸佛如来,言无虚妄;无有余乘,唯一佛乘。尔时,世尊欲重宣此义,而说偈言:

比丘比丘尼	有怀增上慢	优婆塞我慢	优婆夷不信
如是四众等	其数有五千	不自见其过	于戒有缺漏
护惜其瑕疵	是小智已出	众中之糟糠	佛威德故去
斯人鲜福德	不堪受是法	此众无枝叶	唯有诸真实
舍利弗善听	诸佛所得法	无量方便力	而为众生说
众生心所念	种种所行道	若干诸欲性	先世善恶业
佛悉知是已	以诸缘譬喻	言辞方便力	令一切欢喜

或说修多罗
譬喻并祇夜
于诸无量佛
我设是方便
所以未曾说
我此九部法
有佛子心净
为此诸佛子
以深心念佛
佛知彼心行
乃至于一偈
十方佛土中
但以假名字
唯此一事实
佛自住大乘
自证无上道
我则堕悭贪
若人信归佛
故佛于十方
无量所众尊
舍利弗当知
如我昔所愿
若我遇众生
我知此众生
以诸欲因缘
受胎之微形
入邪见稠林
深着虚妄法
于千万亿劫
是故舍利弗
我虽说涅槃
佛子行道已

伽陀及本事
优波提舍经
不行深妙道
令得入佛慧
说时未至故
随顺众生说
柔软亦利根
说是大乘经
修持净戒故
故为说大乘
皆成佛无疑
唯有一乘法
引导于众生
余二则非真
如其所得法
大乘平等法
此事为不可
如来不欺诳
而独无所畏
为说实相印
我本立誓愿
今者已满足
尽教以佛道
未曾修善本
坠堕三恶道
世世常增长
若有若无等
坚受不可舍
不闻佛名字
我为设方便
是亦非真灭
来世得作佛

本生未曾有
钝根乐小法
众苦所恼乱
未曾说汝等
今正是其时
入大乘为本
无量诸佛所
我记如是人
此等闻得佛
声闻若菩萨
无二亦无三
说佛智慧故
终不以小乘
定慧力庄严
若以小乘化
亦无贪嫉意
我以相严身
欲令一切众
化一切众生
无智者错乱
坚着于五欲
轮回六趣中
薄德少福人
依止此诸见
我慢自矜高
亦不闻正法
说诸尽苦道
诸法从本来

亦说于因缘
贪着于生死
为是说涅槃
当得成佛道
决定说大乘
以故说是经
而行深妙道
来世成佛道
大喜充遍身
闻我所说法
除佛方便说
诸佛出于世
济度于众生
以此度众生
乃至于一人
断诸法中恶
光明照世间
如我等无异
皆令入佛道
迷惑不受教
痴爱故生恼
备受诸苦毒
众苦所逼迫
具足六十二
谄曲心不实
如是人难度
示之以涅槃
常自寂灭相

我有方便力
今此诸大众
过去无数劫
如是诸世尊
是诸世尊等
又诸大圣主
若有众生类
精进禅智等
诸佛灭度后
诸佛灭度已
砗磲与玛瑙
或有起石庙
若于旷野中
如是诸人等
若人为佛故
或以七宝成
或以胶漆布
彩画作佛像
乃至童子戏
如是诸人等
但化诸菩萨
若人于塔庙
若使人作乐
如是众妙音
或以欢喜心
若人散乱心
或有人礼拜
以此供养像
入无余涅槃
若人散乱心
于诸过去佛

开示三乘法
皆应除疑惑
无量灭度佛
种种缘譬喻
皆说一乘法
知一切世间
助显第一义
值诸过去佛
种种修福慧
若人善软心
供养舍利者
玫瑰琉璃珠
栴檀及沉水
积土成佛庙
皆已成佛道
建立诸形像
鋀鉐赤白铜
严饰作佛像
百福庄严相
若草木及笔
渐渐积功德
度脱无量众
宝像及画像
击鼓吹角贝
尽持以供养
歌呗颂佛德
乃至以一华
或复但合掌
渐见无量佛
如薪尽火灭
入于塔庙中
在世或灭后

一切诸世尊
诸佛语无异
百千万亿种
无数方便力
化无量众生
天人群生类

若闻法布施
如是诸人等
如是诸众生
起万亿种塔
清净广严饰
木榓并余材
乃至童子戏

刻雕成众相
白镴及铅锡
如是诸人等
自作若使人
或以指爪甲
具足大悲心

以华香幡盖
箫笛琴箜篌

乃至一小音
供养于画像
乃至举一手
自成无上道

一称南无佛
若有闻是法

皆说一乘道
唯一无二乘
其数不可量
演说诸法相
令入于佛道
深心之所欲

或持戒忍辱
皆已成佛道
皆已成佛道
金银及玻璃
庄校于诸塔
砖瓦泥土等
聚沙为佛塔

皆已成佛道
铁木及与泥
皆已成佛道
皆已成佛道
而画作佛像
皆已成佛道

敬心而供养
琵琶铙铜钹

皆已成佛道
渐见无数佛
或复小低头
广度无数众

皆已成佛道
皆已成佛道

未来诸世尊
一切诸如来
若有闻法者
诸佛本誓愿
未来世诸佛
诸佛两足尊
是法住法位
天人所供养
安隐众生故
知第一寂灭
知众生诸行
及诸根利钝
今我亦如是
我以智慧力
舍利弗当知
入生死险道
以贪爱自蔽
不求大势佛
为是众生故
我始坐道场
我所得智慧
众生诸根钝
尔时诸梵王
并余诸天众
我即自思惟
破法不信故
寻念过去佛
作是思惟时
第一之导师
我等亦皆得
少智乐小法
虽复说三乘

其数无有量
以无量方便
无一不成佛
我所行佛道
虽说百千亿
知法常无性
世间相常住
现在十方佛
亦说如是法
以方便力故
深心之所念
以种种因缘
安隐众生故
知众生性欲
我以佛眼观
相续苦不断
盲瞑无所见
及与断苦法
而起大悲心
观树亦经行
微妙最第一
着乐痴所盲
及诸天帝释
眷属百千万
若但赞佛乘
坠于三恶道
所行方便力
十方佛皆现
得是无上法
最妙第一法
不自信作佛
但为教菩萨

是诸如来等
度脱诸众生

普欲令众生
无数诸法门
佛种从缘起
于道场知已
其数如恒沙

虽示种种道
过去所习业
譬喻亦言辞
以种种法门
方便说诸法
见六道众生
深着于五欲

深入诸邪见
于三七日中

如斯之等类
护世四天王
恭敬合掌礼
众生没在苦
我宁不说法
我今所得道
梵音慰喻我
随诸一切佛
为诸众生类
是故以方便

亦方便说法
入佛无漏智

亦同得此道
其实为一乘
是故说一乘
导师方便说
出现于世间

其实为佛乘
欲性精进力
随应方便说
宣示于佛道
皆令得欢喜
贫穷无福慧
如牦牛爱尾

以苦欲舍苦
思惟如是事

云何而可度
及大自在天
请我转法轮
不能信是法
疾入于涅槃
亦应说三乘
善哉释迦文
而用方便力
分别说三乘
分别说诸果

称南无诸佛
我亦随顺行
不可以言宣

法僧差别名
我常如是说
无量千万亿
方便所说法
今正是其时
不能信是法

悉亦当作佛
说无分别法
说是法复难
斯人亦复难
时时乃一出
一切三世佛

但以一乘道
诸佛之秘要
终不求佛道
破法堕恶道
广赞一乘道
随宜而说法

无复诸疑惑

深净微妙音
如诸佛所说
诸法寂灭相

及以阿罗汉
生死苦永尽
志求佛道者
曾从诸佛闻
为说佛慧故
着相憍慢者

但说无上道
千二百罗汉
我今亦如是
正使出于世
能听是法者
天人所希有
则为已供养

普告诸大众

当知是妙法
如是等众生
迷惑不信受
当为如是等
以万亿方便

随宜方便事

我闻圣师子
我出浊恶世
即趣波罗奈
为五比丘说
便有涅槃音
赞示涅槃法
我见佛子等
皆来至佛所
如来所以出
钝根小智人

正直舍方便
疑网皆已除
说法之仪式
悬远值遇难
闻是法亦难
一切皆爱乐
乃至发一言
过于优昙华
我为诸法王
无声闻弟子
声闻及菩萨
但乐着诸欲
闻佛说一乘
志求佛道者
诸佛法如是
不能晓了此
诸佛世之师
自知当作佛

舍利弗当知
复作如是念
思惟是事已
以方便力故
是名转法轮
从久远劫来
舍利弗当知
咸以恭敬心
我即作是念
舍利弗当知
今我喜无畏
于诸菩萨中
菩萨闻是法
如三世诸佛
诸佛兴出世
无量无数劫
譬如优昙华
闻法欢喜赞
是人甚希有
汝等勿有疑
教化诸菩萨
汝等舍利弗
以五浊恶世
当来世恶人
有惭愧清净
舍利弗当知
其不习学者
汝等既已知
心生大欢喜

卷第二

譬喻品第三

尔时，舍利弗踊跃欢喜，即起合掌，瞻仰尊颜，而白佛言：今从世尊闻此法音，心怀踊跃，得未曾有。所以者何？我昔从佛闻如是法，见诸菩萨受记作佛，而我等不预斯事，甚自感伤。失于如来无量知见。世尊！我常独处山林树下，若坐若行，每作是念：我等同入法性，云何如来以小乘法而见济度？是我等咎，非世尊也。所以者何？若我等待说所因，成就阿耨多罗三藐三菩提者，必以大乘而得度脱。然我等不解方便随宜所说，初闻佛法，遇便信受，思惟取证。世尊！我从昔来，终日竟夜，每自克责。而今从佛闻所未闻未曾有法，断诸疑悔，身意泰然，快得安隐。今日乃知真是佛子，从佛口生，从法化生，得佛法分。尔时，舍利弗欲重宣此义，而说偈言：

我闻是法音	得所未曾有	心怀大欢喜	疑网皆已除
昔来蒙佛教	不失于大乘	佛音甚希有	能除众生恼
我已得漏尽	闻亦除忧恼		
我处于山谷	或在林树下	若坐若经行	常思惟是事
呜呼深自责	云何而自欺		
我等亦佛子	同入无漏法	不能于未来	演说无上道
金色三十二	十力诸解脱	同共一法中	而不得此事
八十种妙好	十八不共法	如是等功德	而我皆已失
我独经行时	见佛在大众	名闻满十方	广饶益众生

自惟失此利	我为自欺诳		
我常于日夜	每思惟是事	欲以问世尊	为失为不失
我常见世尊	称赞诸菩萨	以是于日夜	筹量如是事
今闻佛音声	随宜而说法	无漏难思议	令众至道场
我本着邪见	为诸梵志师	世尊知我心	拔邪说涅槃
我悉除邪见	于空法得证	尔时心自谓	得至于灭度
而今乃自觉	非是实灭度	若得作佛时	具三十二相
天人夜叉众	龙神等恭敬	是时乃可谓	永尽灭无余
佛于大众中	说我当作佛	闻如是法音	疑悔悉已除
初闻佛所说	心中大惊疑	将非魔作佛	恼乱我心耶
佛以种种缘	譬喻巧言说	其心安如海	我闻疑网断
佛说过去世	无量灭度佛	安住方便中	亦皆说是法
现在未来佛	其数无有量	亦以诸方便	演说如是法
如今者世尊	从生及出家	得道转法轮	亦以方便说
世尊说实道	波旬无此事	以是我定知	非是魔作佛
我堕疑网故	谓是魔所为	闻佛柔软音	深远甚微妙
演畅清净法	我心大欢喜	疑悔永已尽	安住实智中
我定当作佛	为天人所敬	转无上法轮	教化诸菩萨

尔时,佛告舍利弗:吾今于天、人、沙门、婆罗门等大众中说,我昔曾于二万亿佛所,为无上道故,常教化汝,汝亦长夜随我受学。我以方便引导汝故,生我法中。舍利弗!我昔教汝志愿佛道,汝今悉忘,而便自谓已得灭度。我今还欲令汝忆念本愿所行道故,为诸声闻说是大乘经,名妙法莲华,教菩萨法,佛所护念。

舍利弗!汝于未来世过无量无边不可思议劫,供养若干千万亿佛,奉持正法,具足菩萨所行之道,当得作佛,号曰华光如来、应供、正遍知、明行足、善逝、世间解、无上士、调御丈夫、天人师、佛、世尊。国名离垢,其土平正,清净严饰,安隐丰乐,天人炽盛。 琉璃为地,有八交道,黄金为绳,以界其侧。其旁各有七宝行树,常有华果。华光如来,亦以三乘教化众生。

舍利弗!彼佛出时,虽非恶世,以本愿故,说三乘法。其劫名大宝庄严。何故名曰大宝庄严?其国中以菩萨为大宝故。彼诸菩萨无量无边,不可思议,算数譬喻所不能及,非佛智力,无能知者。若欲行时,宝华承足。此诸菩萨非初发意,皆久植德本,于无量百千万亿佛所,净修梵行,恒为诸佛之所称叹。常修佛慧,具大神通,善知一切诸法之门,质直无伪,志念坚固。如是菩萨,充满其国。

舍利弗!华光佛寿十二小劫,除为王子未作佛时。其国人民,寿八小劫。华光如来,过十二小劫,授坚满菩萨阿耨多罗三藐三菩提记。告诸比丘,是坚满菩萨,次当作佛,号曰华足安行,多陀阿伽度阿罗诃三藐三佛陀,其佛国土,亦复如是。舍利弗!是华光佛灭度之后,正法 住世,三十二小劫;像法住世,亦三十二小劫。尔时,世尊欲重宣此义,而说偈言:

舍利弗来世	成佛普智尊	号名曰华光	当度无量众
供养无数佛	具足菩萨行	十力等功德	证于无上道
过无量劫已	劫名大宝严	世界名离垢	清净无瑕秽
以琉璃为地	金绳界其道	七宝杂色树	常有华果实
彼国诸菩萨	志念常坚固	神通波罗蜜	皆已悉具足
于无数佛所	善学菩萨道	如是等大士	华光佛所化
佛为王子时	弃国舍世荣	于最末后身	出家成佛道
华光佛住世	寿十二小劫	其国人民众	寿命八小劫
佛灭度之后	正法住于世	三十二小劫	广度诸众生
正法灭尽已	像法三十二	舍利广流布	天人普供养
华光佛所为	其事皆如是	其两足圣尊	最胜无伦匹
彼即是汝身	宜应自欣庆		

尔时,四部众比丘、比丘尼、优婆塞、优婆夷、天、龙、

夜叉、乾闼婆、阿修罗、迦楼罗、紧那罗、摩睺罗伽等大众,见舍利弗于佛前受阿耨多罗三藐三菩提记,心大欢喜,踊跃无量。各各脱身所著上衣,以供养佛。释提桓因、梵天王等,与无数天子,亦以天妙衣、天曼陀罗华、摩诃曼陀罗华等,供养于佛。所散天衣,住虚空中,而自回转。诸天伎乐,百千万种,于虚空中,一时俱作,雨众天华。而作是言:佛昔于波罗奈,初转法轮,今乃复转无上最大法轮。尔时,诸天子欲重宣此义,而说偈言:

昔于波罗奈	转四谛法轮	分别说诸法	五众之生灭
今复转最妙	无上大法轮	是法甚深奥	少有能信者
我等从昔来	数闻世尊说	未曾闻如是	深妙之上法
世尊说是法	我等皆随喜		
大智舍利弗	今得受尊记	我等亦如是	必当得作佛
于一切世间	最尊无有上	佛道叵思议	方便随宜说
我所有福业	今世若过世	及见佛功德	尽回向佛道

尔时,舍利弗白佛言:世尊!我今无复疑悔,亲于佛前,得受阿耨多罗三藐三菩提记。是诸千二百心自在者,昔住学地,佛常教化言:我法能离生老病死,究竟涅槃。是学无学人,亦各自以离我见及有无见等,谓得涅槃。而今于世尊前,闻所未闻,皆堕疑惑。善哉!世尊!愿为四众说其因缘,令离疑悔。

尔时,佛告舍利弗:我先不言,诸佛世尊以种种因缘、譬喻言辞、方便说法,皆为阿耨多罗三藐三菩提耶?是诸所说,皆为化菩萨故。然舍利弗!今当复以譬喻更明此义,诸有智者,以譬喻得解。舍利弗!若国邑聚落有大长者,其年衰迈,财富无量,多有田宅及诸僮仆。其家广大,唯有一门。多诸人众,一百、二百、乃至五百人,止住其中。堂阁朽故,墙壁隤落,柱根腐败,梁栋倾危,周匝俱时欻然火起,焚烧舍宅。长者诸子,若十、二十、或至三十,在此宅中。长者见是大火，从四面起，即大惊怖，而作是念：我虽能于此所烧之门，安稳得出；而诸子等，于火宅内，乐着嬉戏，不觉不知，不惊不怖，火来逼身，苦痛切己，心不厌患，无求出意。

舍利弗！是长者作是思惟：我身手有力，当以衣裓，若以几案，从舍出之。复更思惟：是舍唯有一门，而复狭小。诸子幼稚，未有所识，恋着戏处，或当堕落，为火所烧。我当为说怖畏之事，此舍已烧，宜时疾出，无令为火之所烧害。作是念已，如所思惟，具告诸子，汝等速出。父虽怜愍，善言诱喻，而诸子等乐着嬉戏，不肯信受，不惊不畏，了无出心。亦复不知何者是火，何者为舍，云何为失，但东西走，戏视父而已。

尔时，长者即作是念：此舍已为大火所烧，我及诸子若不时出，必为所焚，我今当设方便，令诸子等得免斯害。父知诸子，先心各有所好种种珍玩奇异之物，情必乐着。而告之言：汝等所可玩好，希有难得，汝若不取，后必忧悔。如此种种羊车、鹿车、牛车，今在门外，可以游戏。汝等于此火宅，宜速出来，随汝所欲，皆当与汝。

尔时，诸子闻父所说珍玩之物，适其愿故，心各勇锐，互相推排，竞共驰走，争出火宅。是时，长者见诸子等安稳得出，皆于四衢道中，露地而坐，无复障碍，其心泰然，欢喜踊跃。时诸子等各白父言：父先所许玩好之具，羊车、鹿车、牛车，愿时赐与。

舍利弗！尔时长者，各赐诸子，等一大车。其车高广，众宝庄校，周匝栏楯，四面悬铃，又于其上张设幰盖，亦以珍奇杂宝而严饰之，宝绳交络，垂诸华缨，重敷婉筵，安置丹枕。驾以白牛，肤色充洁，形体姝好，有大筋力，行步平正，其疾如风。又多仆从而侍卫之。所以者何？是大长者财富无量，种种诸藏，悉皆充溢。而作是念：我财物无极，不应以下劣小车与诸子等，今此幼童皆是吾子，爱无偏党，我有如是七宝大车，其数无量，应当等心，各各与之，不宜差别。所以者何？以我此物，周给一国，犹尚不匮，何况诸子。

是时诸子各乘大车，得未曾有，非本所望。舍利弗！于汝意云何？是长者等与诸子珍宝大车，宁有虚妄不？舍利弗言：不也，世尊！是长者但令诸子得免火难，全其躯命，非为虚妄。何以故？若全身命，便为已得玩好之具，况复方便，于彼火宅而拔济之。世尊！若是长者乃至不与最小一车，犹不虚妄。何以故？是长者先作是意，我以方便令子得出，以是因缘，无虚妄也。何况长者自知财富无量，欲饶益诸子，等与大车。

佛告舍利弗：善哉！善哉！如汝所言。舍利弗！如来亦复如是，则为一切世间之父。于诸怖畏、衰恼、忧患、无明闇蔽，永尽无余，而悉成就无量知见，力无所畏，有大神力及智慧力，具足方便智慧波罗蜜，大慈大悲，常无懈倦，恒求善事，利益一切，而生三界朽故火宅。为度众生，生老病死，忧悲苦恼，愚痴闇蔽，三毒之火，教化令得阿耨多罗三藐三菩提。见诸众生，为生老病死忧悲苦恼之所烧煮；亦以五欲财利故，受种种苦；又以贪着追求故，现受众苦，后受地狱、畜生、饿鬼之苦，若生天上及在人间，贫穷困苦、爱别离苦、怨憎会苦，如是等种种诸苦。众生没在其中，欢喜游戏，不觉不知，不惊不怖，亦不生厌，不求解脱。于此三界火宅，东西驰走，虽遭大苦。不以为患。

舍利弗！佛见此已，便作是念：我为众生之父，应拔其苦难，与无量无边佛智慧乐，令其游戏。舍利弗！如来复作是念：若我但以神力及智慧力，舍于方便，为诸众生赞如来知见、力无所畏者，众生不能以是得度。所以者何？是诸众生，未免生老病死忧悲苦恼，而为三界火宅所烧，何由能解佛之智慧。舍利弗！如彼长者，虽复身手有力而不用之，但以殷勤方便，勉济诸子火宅之难，然后各与珍宝大车。如来亦复如是，虽有力无所畏而不用之，但以智慧方便，于三界火宅拔济众生，为说三乘，声闻、辟支佛、佛乘。而作是言：汝等莫得乐住三界火宅，勿贪粗弊色声香味触也。若贪着生爱，则为所烧。汝速出三界，当得三乘，声闻、辟支佛、佛乘，我今为汝保任此事，终不虚也。汝等但当勤修精进。如来以是方便，诱进众生，复作是言：汝等当知此三乘法，皆是圣所称叹，自在无系，无所依求。乘是三乘，以无漏根、力、觉、道、禅定、解脱、三昧等，而自娱乐，便得无量安隐快乐。

舍利弗！若有众生，内有智性，从佛世尊闻法信受，殷勤精进，欲速出三界，自求涅槃，是名声闻乘；如彼诸子，为求羊车出于火宅。若有众生，从佛世尊闻法信受，殷勤精进，求自然慧，乐独善寂，深知诸法因缘，是名辟支佛乘；如彼诸子，为求鹿车出于火宅。若有众生，从佛世尊闻法信受，勤修精进，求一切智，佛智、自然智、无师智、如来知见、力、无所畏，愍念安乐无量众生，利益天人，度脱一切，是名大乘菩萨。求此乘故，名为摩诃萨；如彼诸子，为求牛车出于火宅。舍利弗！如彼长者，见诸子等安隐得出火宅，到无畏处，自惟财富无量，等以大车而赐诸子。如来亦复如是，为一切众生之父，若见无量亿千众生，以佛教门，出三界苦，怖畏险道，得涅槃乐。如来尔时，便作是念：我有无量无边智慧、力、无畏等诸佛法藏，是诸众生皆是我子，等与大乘，不令有人独得灭度，皆以如来灭度而灭度之。是诸众生脱三界者，悉与诸佛禅定解脱等娱乐之具，皆是一相一种，圣所称叹，能生净妙第一之乐。舍利弗！如彼长者，初以三车诱引诸子，然后但与大车，宝物庄严，安隐第一，然彼长者无虚妄之咎。如来亦复如是，无有虚妄。初说三乘引导众生，然后但以大乘而度脱之。何以故？如来有无量智慧、力、无所畏诸法之藏，能与一切众生大乘之法，但不尽能受。舍利弗！以是因缘，当知诸佛方便力故，于一佛乘，分别说三。佛欲重宣此义，而说偈言：

譬如长者　　有一大宅　　其宅久故　　而复顿弊
堂舍高危　　柱根摧朽　　梁栋倾斜　　基陛隤毁
墙壁圮坼　　泥涂阤落　　覆苫乱坠　　椽梠差脱
周障屈曲　　杂秽充遍
有五百人　　止住其中
鸱枭雕鹫　　乌鹊鸠鸽　　蚖蛇蝮蝎　　蜈蚣蚰蜒
守宫百足　　鼬狸鼷鼠　　诸恶虫辈　　交横驰走
屎尿臭处　　不净流溢　　蜣螂诸虫　　而集其上
狐狼野干　　咀嚼践踏　　齐啮死尸　　骨肉狼藉
由是群狗　　竞来搏撮　　饥羸慞惶　　处处求食
斗争揸掣　　喍嘊𠼝吠　　其舍恐怖　　变状如是
处处皆有　　魑魅魍魉　　夜叉恶鬼　　食啖人肉
毒虫之属　　诸恶禽兽　　孚乳产生　　各自藏护
夜叉竞来　　争取食之　　食之既饱　　恶心转炽
斗争之声　　甚可怖畏
鸠槃茶鬼　　蹲踞土埵　　或时离地　　一尺二尺
往返游行　　纵逸嬉戏　　捉狗两足　　扑令失声
以脚加颈　　怖狗自乐
复有诸鬼　　其身长大　　裸形黑瘦　　常住其中
发大恶声　　叫呼求食　　复有诸鬼　　其咽如针
复有诸鬼　　首如牛头　　或食人肉　　或复啖狗
头发鬖乱　　残害凶险　　饥渴所逼　　叫唤驰走
夜叉饿鬼　　诸恶鸟兽　　饥急四向　　窥看窗牖
如是诸难　　恐畏无量
是朽故宅　　属于一人　　其人近出　　未久之间　　于后宅舍
忽然火起

四面一时　其焰俱炽　栋梁椽柱　爆声震裂　摧折堕落
墙壁崩倒　扬声大叫　雕鹫诸鸟　鸠槃荼等　周慞惶怖
诸鬼神等
不能自出
恶兽毒虫　藏窜孔穴　毗舍阇鬼　亦住其中
薄福德故　为火所逼　共相残害　饮血啖肉
野干之属　并已前死　诸大恶兽　竞来食啖　臭烟熢㶿
四面充塞
蜈蚣蚰蜒　毒蛇之类　为火所烧　争走出穴　鸠槃荼鬼
随取而食
又诸饿鬼　头上火燃　饥渴热恼　周慞闷走
其宅如是　甚可怖畏　毒害火灾　众难非一
是时宅主　在门外立　闻有人言　汝诸子等　先因游戏
来入此宅
稚小无知　欢娱乐着　长者闻已　惊入火宅
方宜救济　令无烧害　告喻诸子　说众患难
恶鬼毒虫　灾火蔓延　众苦次第　相续不绝
毒蛇蚖蝮　及诸夜叉　鸠槃荼鬼　野干狐狗
雕鹫鸱枭　百足之属　饥渴恼急　甚可怖畏
此苦难处　况复大火　诸子无知　虽闻父诲
犹故乐着　嬉戏不已
是时长者　而作是念　诸子如此　益我愁恼
今此舍宅　无一可乐　而诸子等　耽湎嬉戏
不受我教　将为火害　即便思惟　设诸方便
告诸子等　我有种种　珍玩之具　妙宝好车
羊车鹿车　大牛之车　今在门外　汝等出来
吾为汝等　造作此车　随意所乐　可以游戏
诸子闻说　如此诸车　即时奔竞　驰走而出
离诸苦难　　　　　　　　　　　　　　　到于空地
长者见子　得出火宅　住于四衢　坐师子座
而自庆言　我今快乐　此诸子等　生育甚难
愚小无知　而入险宅　多诸毒虫　魑魅可畏

29

大火猛焰	四面俱起	而此诸子	贪着嬉戏	
我已救之	令得脱难	是故诸人	我今快乐	
尔时诸子	知父安坐	皆诣父所	而白父言	
愿赐我等	三种宝车	如前所许	诸子出来	
当以三车	随汝所欲	今正是时	惟垂给与	
长者大富	库藏众多	金银琉璃	砗磲玛瑙	
以众宝物	造诸大车	庄校严饰	周匝栏楯	
四面悬铃	金绳交络	真珠罗网	张施其上	
金华诸璎	处处垂下	众彩杂饰	周匝围绕	
柔软缯纩	以为茵蓐	上妙细[叠+毛]	价值千亿	
鲜白净洁	以覆其上	有大白牛	肥壮多力	
形体姝好	以驾宝车	多诸傧从	而侍卫之	
以是妙车	等赐诸子			
诸子是时	欢喜踊跃	乘是宝车	游于四方	嬉戏快乐
自在无碍				
告舍利弗	我亦如是	众圣中尊	世间之父	
一切众生	皆是吾子	深着世乐	无有慧心	
三界无安	犹如火宅	众苦充满	甚可怖畏	
常有生老	病死忧患	如是等火	炽然不息	
如来已离	三界火宅	寂然闲居	安处林野	
今此三界	皆是我有	其中众生	悉是吾子	
而今此处	多诸患难	唯我一人	能为救护	
虽复教诏	而不信受	于诸欲染	贪着深故	
以是方便	为说三乘	令诸众生	知三界苦	开示演说
出世间道				
是诸子等	若心决定	具足三明	及六神通	有得缘觉
不退菩萨				
汝舍利弗	我为众生	以此譬喻	说一佛乘	
汝等若能	信受是语	一切皆当	成得佛道	
是乘微妙	清净第一	于诸世间	为无有上	
佛所悦可	一切众生	所应称赞	供养礼拜	
无量亿千	诸力解脱	禅定智慧	及佛余法	

30

得如是乘
与诸菩萨
以是因缘
告舍利弗
汝等累劫
我虽先说
今所应作
若有菩萨
诸佛世尊
若人小智
众生心喜
若有众生
为是等故
若灭贪欲
为灭谛故
是人于何
但离虚妄
未实灭度
斯人未得
我为法王
汝舍利弗
勿妄宣传
若有闻者
若有信受
亦闻是法
若人有能
并诸菩萨
斯法华经
一切声闻
汝舍利弗
其余声闻
又舍利佛

令诸子等
及声闻众
十方谛求
汝诸人等
众苦所烧
汝等灭度
唯佛智慧
于是众中
虽以方便
深着爱欲
得未曾有
不知苦本
方便说道
无所依止
修行于道
而得解脱
名为解脱

无上道故
于法自在
我此法印

随喜顶受
此经法者

信汝所说

为深智说
及辟支佛
尚于此经
信佛语故
憍慢懈怠

日夜劫数
乘此宝乘
更无余乘
皆是吾子
我皆济拔
但尽生死

能一心听
所化众生
为此等故
佛说苦谛
深着苦因
诸苦所因
灭尽诸苦
离诸苦缚

其实未得

我意不欲
安隐众生
为欲利益

当知是人
是人已曾

则为见我

浅识闻之
于此经中
以信得入
随顺此经
计我见者

常得游戏
直至道场
除佛方便
我则是父
令出三界
而实不灭

诸佛实法
皆是菩萨
说于苦谛
真实无异
不能暂舍
贪欲为本
名第三谛
名得解脱

一切解脱

令至灭度
故现于世
世间故说

阿惟越致
见过去佛

亦见于汝

迷惑不解
力所不及
况余声闻
非己智分
莫说此经

佛说是人

在所游方

恭敬供养

及比丘僧

凡夫浅识　　深着五欲　　闻不能解　　亦勿为说
若人不信　　毁谤此经　　则断一切　　世间佛种
或复颦蹙　　而怀疑惑　　汝当听说　　此人罪报
若佛在世　　若灭度后　　其有诽谤　　如斯经典
见有读诵　　书持经者　　轻贱憎嫉　　而怀结恨
此人罪报　　汝今复听
其人命终　　入阿鼻狱　　具足一劫　　劫尽更生　　如是展转
至无数劫
从地狱出　　当堕畜生　　若狗野干　　其形[乞+页]瘦　　黧
黮疥癞　　人所触娆
又复为人　　之所恶贱　　常困饥渴　　骨肉枯竭
生受楚毒　　死被瓦石　　断佛种故　　受斯罪报
若作骆驼　　或生驴中　　身常负重　　加诸杖捶
但念水草　　余无所知　　谤斯经故　　获罪如是
有作野干　　来入聚落　　身体疥癞　　又无一目
为诸童子　　之所打掷　　受诸苦痛　　或时致死
于此死已　　更受蟒身　　其形长大　　五百由旬
聋騃无足　　宛转腹行　　为诸小虫　　之所咂食
昼夜受苦　　无有休息　　谤斯经故　　获罪如是
若得为人　　诸根闇钝　　矬陋挛躄　　盲聋背伛
有所言说　　人不信受　　口气常臭　　鬼魅所著
贫穷下贱　　为人所使　　多病痟瘦　　无所依怙
虽亲附人　　人不在意　　若有所得　　寻复忘失
若修医道　　顺方治病　　更增他疾　　或复致死
若自有病　　无人救疗　　设服良药　　而复增剧
若他反逆　　抄劫窃盗　　如是等罪　　横罹其殃
如斯罪人　　永不见佛　　众圣之王　　说法教化
如斯罪人　　常生难处　　狂聋心乱　　永不闻法
于无数劫　　如恒河沙　　生辄聋哑　　诸根不具
常处地狱　　如游园观　　在余恶道　　如己舍宅
驼驴猪狗　　是其行处　　谤斯经故　　获罪如是
若得为人　　盲聋喑哑　　贫穷诸衰　　以自庄严

水肿乾痟	疥癞痈疽	如是等病	以为衣服	
身常臭处	垢秽不净	深着我见	增益瞋恚	
淫欲炽盛	不择禽兽	谤斯经故	获罪如是	
告舍利弗	谤斯经者	若说其罪	穷劫不尽	
以是因缘	我故语汝	无智人中	莫说此经	
若有利根	智慧明了	多闻强识	求佛道者	如是之人
乃可为说				
若人曾见	亿百千佛	植诸善本	深心坚固	如是之人
乃可为说				
若人精进	常修慈心	不惜身命	乃可为说	
若人恭敬	无有异心	离诸凡愚	独处山泽	如是之人
乃可为说				
又舍利弗	若见有人	舍恶知识	亲近善友	如是之人
乃可为说				
若见佛子	持戒清洁	如净明珠	求大乘经	如是之人
乃可为说				
若人无瞋	质直柔软	常愍一切	恭敬诸佛	如是之人
乃可为说				
复有佛子	于大众中	以清净心	种种因缘	譬喻言辞
说法无碍				
如是之人	乃可为说			
若有比丘	为一切智	四方求法	合掌顶受	
但乐受持	大乘经典	乃至不受	余经一偈	如是之人
乃可为说				
如人至心	求佛舍利	如是求经	得已顶受	
其人不复	志求余经	亦未曾念	外道典籍	如是之人
乃可为说				
告舍利弗	我说是相	求佛道者	穷劫不尽	
如是等人	则能信解	汝当为说	妙法华经	

33

信解品第四

尔时，慧命须菩提、摩诃迦旃延、摩诃迦叶、摩诃目犍连，从佛所闻未曾有法，世尊授舍利弗阿耨多罗三藐三菩提记，发希有心，欢喜踊跃；即从座起，整衣服，偏袒右肩，右膝着地，一心合掌，屈躬恭敬，瞻仰尊颜，而白佛言：我等居僧之首，年并朽迈，自谓已得涅槃，无所堪任，不复进求阿耨多罗三藐三菩提。世尊往昔说法既久，我时在座，身体疲懈，但念空、无相、无作，于菩萨法，游戏神通，净佛国土，成就众生，心不喜乐。所以者何？世尊令我等，出于三界，得涅槃证。又今我等，年已朽迈，于佛教化菩萨阿耨多罗三藐三菩提，不生一念好乐之心。我等今于佛前，闻授声闻阿耨多罗三藐三菩提记，心甚欢喜，得未曾有；不谓于今，忽然得闻希有之法，深自庆幸，获大善利，无量珍宝，不求自得。

世尊！我等今者，乐说譬喻，以明斯义。譬若有人，年既幼稚，舍父逃逝，久住他国，或十、二十，至五十岁。年既长大，加复穷困，驰骋四方，以求衣食；渐渐游行，遇向本国。其父先来，求子不得，中止一城。其家大富，财宝无量，金、银、琉璃、珊瑚、琥珀、玻璃珠等，其诸仓库，悉皆盈溢；多有僮仆，臣佐吏民，象马车乘，牛羊无数，出入息利，乃遍他国；商估贾客亦甚众多。时贫穷子，游诸聚落，经历国邑，遂到其父所止之城。父每念子，与子离别五十余年，而未曾向人说如此事。但自思惟，心怀悔恨，自念老朽，多有财物，金银珍宝，仓库盈溢，无有子息；一旦终殁，财物散失，无所委付，是以慇懃，每忆其子。复作是念：我若得子，委付财物，坦然快乐，无复忧虑。

世尊！尔时，穷子佣赁展转，遇到父舍，住立门侧，遥见其父踞师子床，宝几承足。诸婆罗门、刹利、居士，皆恭敬围绕；以真珠璎珞，价值千万，庄严其身；吏民僮仆，手执白拂，侍立左右；覆以宝帐，垂诸华幡，香水洒地，散众名华，罗列宝物，出内取与，有如是等种种严饰，威德特尊。穷子见父有大力势，即怀恐怖，悔来至此，窃作是念：此或是王，或是王等，非我佣力得物之处，不如往至贫里，肆力有地，衣食易得；若久住此，或见逼迫，强使我作。作是念已，疾走而去。时富长者，于师子座，见子便识，心大欢喜，即作是念：我财物库藏，今有所付；我常思念此子，无由见之，而忽自来，甚适我愿；我虽年朽，犹故贪惜。即遣傍人，急追将还。

尔时，使者疾走往捉，穷子惊愕，称怨大唤：我不相犯，何为见捉？使者执之逾急，强牵将还。于时穷子自念无罪，而被囚执，此必定死，转更惶怖，闷绝躃地。父遥见之，而语使言：不须此人，勿强将来，以冷水洒面，令得醒悟，莫复与语。所以者何？父知其子，志意下劣，自知豪贵，为子所难；审知是子，而以方便，不语他人，云是我子。使者语之，我今放汝，随意所趣。穷子欢喜，得未曾有，从地而起，往至贫里，以求衣食。

尔时，长者将欲诱引其子，而设方便；密遣二人，形色憔悴，无威德者，汝可诣彼，徐语穷子，此有作处，倍与汝直。穷子若许，将来使作。若言欲何所作，便可语之，雇汝除粪，我等二人，亦共汝作。时二使人，即求穷子；既已得之，具陈上事。尔时，穷子先取其价，寻与除粪。其父见子，愍而怪之。又以他日，于窗牖中，遥见子身，羸瘦憔悴，粪土尘坌，污秽不净。即脱璎珞、细软上服、严饰之具，更着粗弊垢腻之衣；尘土坌身，右手执持除粪之器，状有所畏。语诸作人，汝等勤作，勿得懈息，以方便故，得近其子。后复告言：咄！男子，汝常此作，勿复余去，当加汝价。诸有所须，盆器米面盐醋之属，莫自疑难，亦有老弊使人，须者相给，好自安意；我如汝父，勿复忧虑。所以者何？我年老大，而汝少壮，汝常作时，无有欺怠、瞋恨、怨言，都不见汝有此诸恶，如余作人；自今已后，如所生子。即时长者更与作字，名之为儿。尔时，穷子虽欣此遇，犹故自谓客作贱人。由是之故，于二十年中，常令除粪。过是已后，心相体信，入出无难，然其所止，犹在本处。

世尊！尔时长者有疾，自知将死不久，语穷子言：我今多有金银珍宝，仓库盈溢，其中多少，所应取与，汝悉知之，我心如是，当体此意。所以者何？今我与汝，便为不异，宜加用心，无令漏失。尔时，穷子即受教敕，领知众物，金银珍宝，及诸库藏，而无希取一餐之意，然其所止，故在本处，下劣之心，亦未能舍。复经少时，父知子意渐以通泰，成就大志，自鄙先心。临欲终时，而命其子，并会亲族、国王、大臣、刹利、居士，皆悉已集，即自宣言：诸君当知，此是我子，我之所生，于某城中，舍吾逃走，竛竮辛苦五十余年，其本字某，我名某甲，昔在本城怀忧推觅，忽于此间遇会得之，此实我子，我实其父，今我所有一切财物，皆是子有，先所出内是子所知。世尊！是时穷子闻父此言，即大欢喜，得未曾有，而作是念：我本无心有所希求，今此宝藏自然而至。

世尊！大富长者则是如来，我等皆似佛子；如来常说，我等为子。世尊！我等以三苦故，于生死中，受诸热恼，迷惑无知，乐着小法。今日，世尊令我等思惟，蠲除诸法戏论之粪，我等于中，勤加精进，得至涅槃一日之价；既得此已，心大欢喜，自以为足，便自谓言，于佛法中勤精进故，所得弘多。然世尊先知我等，心着弊欲，乐于小法，便见纵舍，不为分别，汝等当有如来知见宝藏之分。世尊以方便力，说如来智慧，我等从佛得涅槃一日之价，以为大得；于此大乘，无有志求。我等又因如来智慧，为诸菩萨开示演说，而自于此无有志愿。所以者何？佛知我等心乐小法，以方便力，随我等说，而我等不知真是佛子。今我等方知，世尊于佛智慧，无所吝惜。所以者何？我等昔来真是佛子，而但乐小法，若我等有乐大之心，佛则为我说大乘法，于此经中，唯说一乘，而昔于菩萨前，毁訾声闻乐小法者，然佛实以大乘教化；是故我等，说本无心有所希求。今法王大宝自然而至，如佛子所应得者皆已得之。

尔时，摩诃迦叶欲重宣此义，而说偈言：

我等今日	闻佛音教	欢喜踊跃	得未曾有
佛说声闻	当得作佛	无上宝聚	不求自得
譬如童子	幼稚无识	舍父逃逝	远到他土
周流诸国	五十余年		
其父忧念	四方推求	求之既疲	顿止一城
造立舍宅	五欲自娱	其家巨富	多诸金银
砗磲玛瑙	真珠琉璃	象马牛羊	辇舆车乘
田业僮仆	人民众多	出入息利	乃遍他国
商估贾人	无处不有	千万亿众	围绕恭敬
常为王者	之所爱念	群臣豪族	皆共宗重
以诸缘故	往来者众	豪富如是	有大力势
而年朽迈	益忧念子	夙夜惟念	死时将至
痴子舍我	五十余年	库藏诸物	当如之何
尔时穷子	求索衣食	从邑至邑	从国至国
或有所得	或无所得	饥饿羸瘦	体生疮癣
渐次经历	到父住城	佣赁展转	遂至父舍
尔时长者	于其门内	施大宝帐	处师子座
眷属围绕	诸人侍卫	或有计算	金银宝物
出内财产	注记券疏	穷子见父	豪贵尊严
谓是国王	若国王等	惊怖自怪	何故至此
覆自念言	我若久住	或见逼迫	强驱使作
思惟是已	驰走而去	借问贫里	欲往佣作

长者是时　在师子座　遥见其子　默而识之
即敕使者　追捉将来　穷子惊唤　迷闷躄地
是人执我　必当见杀　何用衣食　使我至此
长者知子　愚痴狭劣　不信我言　不信是父
即以方便　更遣余人　不信是父　无威德者
汝可语之　云当相顾　眇目矬陋　倍与汝价
穷子闻之　欢喜随来　除诸粪秽　净诸房舍
长者于牖　常见其子　为除粪秽　乐为鄙事
于是长者　着弊垢衣　念子愚劣　往到子所
方便附近　语令勤作　执除粪器　并涂足油
饮食充足　荐席厚暖　既益汝价　汝当勤作
又以软语　若如我子

长者有智　渐令入出　经二十年　执作家事
示其金银　真珠玻璃　诸物出入　皆使令知
犹处门外　止宿草庵　自念贫事　我无此物
父知子心　渐已广大　欲与财物　即聚亲族
国王大臣　刹利居士　于此大众　说是我子
舍我他行　经五十岁　自见子来　已二十年
昔于某城　而失是子　周行求索　遂来至此
凡我所有　舍宅人民　悉以付之　恣其所用
子念昔贫　志意下劣　今于父所　大获珍宝
并及舍宅　一切财物　甚大欢喜　得未曾有
佛亦如是　知我乐小　未曾说言　汝等作佛
而说我等　得诸无漏　成就小乘　声闻弟子
佛敕我等　说最上道　修习此者　当得成佛
我承佛教　为大菩萨　以诸因缘　种种譬喻
若干言辞　说无上道　诸佛子等　从我闻法
日夜思惟　精勤修习　是时诸佛　即授其记
汝于来世　当得作佛　一切诸佛　秘藏之法
但为菩萨　演其实事　而不为我　说斯真要
如彼穷子　得近其父　虽知诸物　心不希取
我等虽说　佛法宝藏　自无志愿　亦复如是

我等内灭
我等若闻
所以者何
无大无小
我等长夜
而自于法
得脱三界
佛所教化
我等虽为
而于是法
初不劝进
如富长者
然后乃付
知乐小者
我等今日
如彼穷子
于无漏法
始于今日
今得无漏
以佛道声
于诸世间
世尊大恩
无量亿劫
一切供养
于恒沙劫
及诸卧具
以起塔庙
于恒沙劫
诸佛希有
无漏无为
取相凡夫
诸佛于法

自谓为足
净佛国土
一切诸法
无漏无为
于佛智慧
谓是究竟
苦恼之患
得道不虚
诸佛子等
永无愿乐
说有实利
知子志劣
一切财物
以方便力
得未曾有
得无量宝
得清净眼
得其果报
无上大果
令一切闻
天人魔梵
以希有事
谁能报者
皆不能报
尽心恭敬
种种汤药
宝衣布地
亦不能报
无量无边
诸法之王
随宜为说
得最自在

唯了此事
教化众生
皆悉空寂
如是思惟
无贪无着
我等长夜
住最后身
则为已得
说菩萨法
导师见舍

以方便力
佛亦如是
调伏其心
非先所望
世尊我今
我等长夜
法王法中
我等今者
我等今者
普于其中
怜愍教化
手足供给
若以顶戴
又以美膳
牛头栴檀
如斯等事

不可思议
能为下劣

知诸众生

更无余事
都无欣乐
无生无灭
不生喜乐
无复志愿
修习空法
有余涅槃
报佛之恩
以求佛道
观我心故

柔伏其心
现希有事
乃教大智
而今自得
得道得果
持佛净戒
久修梵行
真是声闻
真阿罗汉
应受供养
利益我等
头顶礼敬
两肩荷负
无量宝衣
及诸珍宝
以用供养

大神通力
忍于斯事

种种欲乐

及其志力　随所堪任　以无量喻　而为说法
随诸众生　宿世善根　又知成熟　未成熟者
种种筹量　分别知已　于一乘道　随宜说三

卷第三

药草喻品第五

尔时，世尊告摩诃迦叶及诸大弟子：善哉！善哉！迦叶善说如来真实功德。诚如所言，如来复有无量无边阿僧祇功德；汝等若于无量亿劫，说不能尽。迦叶当知！如来是诸法之王，若有所说，皆不虚也。于一切法，以智方便而演说之；其所说法，皆悉到于一切智地。如来观知一切诸法之所归趣，亦知一切众生深心所行通达无碍；又于诸法究尽明了，示诸众生一切智慧。

迦叶！譬如三千大千世界、山川溪谷土地，所生卉木丛林及诸药草，种类若干，名色各异。密云弥布，遍覆三千大千世界，一时等澍，其泽普洽卉木丛林及诸药草；小根小茎、小枝小叶，中根中茎、中枝中叶，大根大茎、大枝大叶，诸树大小，随上中下，各有所受；一云所雨，称其种性而得生长华果敷实。虽一地所生，一雨所润，而诸草木各有差别。

迦叶当知！如来亦复如是！出现于世，如大云起，以大音声，普 遍世界天、人、阿修罗，如彼大云遍覆三千大千国土。于大众中，而唱是言：我是如来、应供、正遍知、明行足、善逝世间解、无上士、调御丈夫、天人师、佛、世尊。未度者令度，未解者令解，未安者令安，未涅槃者令得涅槃，今世后世，如实知之。我是一切知者、一切见者、知道者、开道者、说道者,汝等天人阿修罗众皆应到此,为听法故。

尔时,无数千万亿种众生,来至佛所而听法。如来于时,观是众生诸根利钝、精进懈怠,随其所堪,而为说法;种种无量,皆令欢喜,快得善利。是诸众生闻是法已,现世安隐,后生善处,以道受乐,亦得闻法。既闻法已,离诸障碍,于诸法中,任力所能,渐得入道。如彼大云,雨于一切卉木丛林及诸药草,如其种性,具足蒙润,各得生长。

如来说法,一相一味,所谓解脱相、离相、灭相,究竟至于一切种智。其有众生,闻如来法,若持读诵,如说修行,所得功德,不自觉知。所以者何?唯有如来,知此众生种相体性,念何事、思何事、修何事,云何念、云何思、云何修,以何法念、以何法思、以何法修、以何法得何法。众生住于种种之地,唯有如来如实见之,明了无碍。如彼卉木丛林诸药草等,而不自知上中下性。如来知是一相一味之法,所谓解脱相、离相、灭相,究竟涅槃,常寂灭相,终归于空。佛知是已,观众生心欲而将护之,是故不即为说一切种智。

汝等迦叶,甚为希有,能知如来随宜说法,能信能受。所以者何?诸佛世尊随宜说法,难解难知。尔时,世尊欲重宣此义,而说偈言:

破有法王	出现世间	随众生欲	种种说法
如来尊重	智慧深远	久默斯要	不务速说
有智若闻	则能信解	无智疑悔	则为永失
是故迦叶	随力为说	以种种缘	令得正见
迦叶当知	譬如大云	起于世间	遍覆一切
慧云含润	电光晃曜	雷声远震	令众悦豫
日光掩蔽	地上清凉	叆叇垂布	如可承揽

率土充洽
大小诸树
无不丰足
一味之水

各得生长
皆得鲜泽
而各滋茂
普覆一切
诸法之实
而宣是言
犹如大云
得安隐乐
一心善听

故现于世
解脱涅槃
而作因缘
爱憎之心
平等说法
曾无他事
如雨普润
及不具足
而无懈倦
住于诸地
是小药草
及得三明
是中药草
是上药草
自知作佛

百千众生

流澍无量
卉木药草
雨之所润
其云所出

称其大小
一雨所及
所润是一
譬如大云
分别演说
一切众中
出于世间
皆令离苦
诸天人众

安隐众生
其法一味
常为大乘
无有彼此
恒为一切
常演说法
充足世间
威仪具足
等雨法雨
随力所受
释梵诸王
起六神通
得缘觉证
行精进定
常行慈悲

度无量亿

四方俱下
幽邃所生
甘蔗蒲萄
药木并茂
随分受润
上中下等
华果光色
性分大小
出现于世
为诸众生
于诸天人
两足之尊
枯槁众生
及涅槃乐
觑无上尊
无能及者
甘露净法
演畅斯义
普皆平等
亦无限碍
众多亦然
终不疲厌
持戒毁戒
利根钝根
闻我法者
转轮圣王
能得涅槃
常行禅定
我当作佛
专心佛道
是名小树
转不退轮

其雨普等
山川险谷
百谷苗稼
乾地普洽
草木丛林
一切诸树
根茎枝叶
如其体相
佛亦如是
既出于世
大圣世尊
我为如来
充润一切
世间之乐
皆应到此
我为世尊
为大众说
以一妙音
我观一切
我无贪着
如为一人
去来坐立
贵贱上下
正见邪见
一切众生
或处人天
知无漏法
独处山林
求世尊处
又诸佛子
决定无疑
安住神通

如是菩萨　　名为大树
佛平等说　　如一味雨　　随众生性　　所受不同
如彼草木　　所禀各异
佛以此喻　　方便开示　　种种言辞　　演说一法
于佛智慧　　如海一滴
我雨法雨　　充满世间　　一味之法　　随力修行
如彼丛林　　药草诸树　　随其大小　　渐增茂好
诸佛之法　　常以一味　　令诸世间　　普得具足
渐次修行　　皆得道果
声闻缘觉　　处于山林　　住最后身　　闻法得果
是名药草　　各得增长
若诸菩萨　　智慧坚固　　了达三界　　求最上乘
是名小树　　而得增长
复有住禅　　得神通力　　闻诸法空　　心大欢喜
放无数光　　度诸众生　　是名大树　　而得增长
如是迦叶　　佛所说法　　譬如大云　　以一味雨　　润于人华
各得成实
迦叶当知　　以诸因缘　　种种譬喻　　开示佛道　　是我方便
诸佛亦然
今为汝等　　说最实事　　诸声闻众　　皆非灭度
汝等所行　　是菩萨道　　渐渐修学　　悉当成佛

授记品第六

尔时,世尊说是偈已,告诸大众,唱如是言:我此弟子摩诃迦叶,于未来世,当得奉觐三百万亿诸佛世尊,供养恭敬,尊重赞叹,广宣诸佛无量大法。于最后身,得成为佛,名曰光明如来、应供、正遍知、明行足、善逝世间解、无上士、调御丈夫、天人师、佛、世尊。国名光德,劫名大庄严,佛寿十二小劫,正法住世二十小劫,像法亦住二十小劫。国界严饰,无诸秽恶、瓦砾荆棘、便利不净;其土平正,无有高下坑坎堆阜。琉璃为地,宝树行列,黄金为绳,以界道侧,散诸宝华,周遍清净。其国菩萨无量千亿,诸声闻众亦复无数,无有魔事,虽有魔及魔民,皆护佛法。尔时,世尊欲重宣此义,而说偈言:

告诸比丘	我以佛眼		
见是迦叶	于未来世	过无数劫	当得作佛
而于来世	供养奉觐	三百万亿	诸佛世尊
为佛智慧	净修梵行	供养最上	二足尊已
修习一切	无上之慧	于最后身	得成为佛
其土清净	琉璃为地	多诸宝树	行列道侧
金绳界道	见者欢喜	常出好香	散众名华
种种奇妙	以为庄严	其地平正	无有丘坑
诸菩萨众	不可称计	其心调柔	逮大神通	奉持诸佛
大乘经典			
诸声闻众	无漏后身	法王之子	亦不可计	乃以天眼
不能数知			
其佛当寿	十二小劫	正法住世	二十小劫	像法亦住
二十小劫			
光明世尊	其事如是		

尔时，大目犍连、须菩提、摩诃迦旃延等，皆悉悚栗，一心合掌，瞻仰尊颜，目不暂舍，即共同声而说偈言：

大雄猛世尊	诸释之法王	哀愍我等故	而赐佛音声
若知我深心	见为授记者	如以甘露洒	除热得清凉
如从饥国来	忽遇大王膳	心犹怀疑惧	未敢即便食
若复得王教	然后乃敢食		
我等亦如是	每惟小乘过	不知当云何	得佛无上慧
虽闻佛音声	言我等作佛	心尚怀忧惧	如未敢便食
若蒙佛授记	尔乃快安乐		
大雄猛世尊	常欲安世间	愿赐我等记	如饥须教食

尔时，世尊知诸大弟子心之所念，告诸比丘：是须菩提，于当来世，奉觐三百万亿那由他佛，供养恭敬，尊重赞叹，常修梵行，具菩萨道。于最后身，得成为佛，号曰名相如来、应供、正遍知、明行足、善逝世间解、无上士、调御丈夫、天人师、佛、世尊。劫名有宝，国名宝生，其土平正，玻璃为地，宝树庄严，无诸丘坑、沙砾、荆棘、便利之秽，宝华覆地，周遍清净。其土人民，皆处宝台珍妙楼阁。声闻弟子，无量无边，算数譬喻所不能知。诸菩萨众，无数千万亿那由他。佛寿十二小劫，正法住世二十小劫，像法亦住二十小劫。其佛常处虚空，为众说法，度脱无量菩萨及声闻众。尔时，世尊欲重宣此义，而说偈言：

诸比丘众	今告汝等	皆当一心	听我所说
我大弟子	须菩提者	当得作佛	号曰名相
当供无数	万亿诸佛	随佛所行	渐具大道
最后身得	三十二相	端正姝妙	犹如宝山
其佛国土	严净第一	众生见者	无不爱乐
佛于其中	度无量众	其佛法中	多诸菩萨
皆悉利根	转不退轮	彼国常以	菩萨庄严
诸声闻众	不可称数	皆得三明	具六神通

48

住八解脱　有大威德
其佛说法　现于无量　神通变化　不可思议
诸天人民　数如恒沙　皆共合掌　听受佛语
其佛当寿　十二小劫　正法住世　二十小劫　像法亦住
二十小劫

尔时，世尊复告诸比丘众：我今语汝，是大迦旃延，于当来世，以诸供具，供养奉事八千亿佛，恭敬尊重。诸佛灭后，各起塔庙，高千由旬，纵广正等五百由旬，以金、银、琉璃、砗磲、玛瑙、真珠、玫瑰，七宝合成；众华、璎珞、涂香、末香、烧香、缯盖、幢幡，供养塔庙。过是已后，当复供养二万亿佛，亦复如是。供养是诸佛已，具菩萨道。当得作佛，号曰阎浮那提金光如来、应供、正遍知、明行足、善逝世间解、无上士、调御丈夫、天人师、佛、世尊。其土平正，玻璃为地，宝树庄严，黄金为绳，以界道侧，妙华覆地，周遍清净，见者欢喜。无四恶道，地狱、饿鬼、畜生、阿修罗道。多有天人，诸声闻众，及诸菩萨，无量万亿，庄严其国。佛寿十二小劫，正法住世二十小劫，像法亦住二十小劫。尔时，世尊欲重宣此义，而说偈言：

诸比丘众　皆一心听　如我所说　真实无异
是迦旃延　当以种种　妙好供具　供养诸佛
诸佛灭后　起七宝塔　亦以华香　供养舍利
其最后身　得佛智慧　成等正觉
国土清净　度脱无量　万亿众生　皆为十方
之所供养　佛之光明　无能胜者　其佛号曰
阎浮金光　菩萨声闻　断一切有　无量无数
庄严其国

尔时，世尊复告大众：我今语汝，是大目犍连，当以种种供具，供养八千诸佛，恭敬尊重。诸佛灭后，各起塔庙，高千由旬，纵广正等五百由旬，以金、银、琉璃、砗磲、玛瑙、真珠、玫瑰，七宝合成；众华、璎珞、涂香、末香、烧香、缯盖、幢幡，以用供养。过是已后，当复供养，二百万亿诸佛，亦复如是。当得成佛，号曰多摩罗跋栴檀香如来、应供、正遍知、明行足、善逝世间解、无上士、调御丈夫、天人师、佛、世尊。劫名喜满，国名意乐，其土平正，玻璃为地，宝树庄严，散真珠华，周遍清净，见者欢喜。多诸天人，菩萨声闻其数无量。佛寿二十四小劫，正法住世四十小劫，像法亦住四十小劫。尔时，世尊欲重宣此义，而说偈言：

我此弟子	大目犍连	舍是身已	得见八千
二百万亿	诸佛世尊	为佛道故	供养恭敬
于诸佛所	常修梵行	于无量劫	奉持佛法
诸佛灭后	起七宝塔	长表金刹	华香伎乐
而以供养	诸佛塔庙		
渐渐具足	菩萨道已	于意乐国	而得作佛
号多摩罗	旃檀之香	其佛寿命	二十四劫
常为天人	演说佛道	声闻无量	如恒河沙
三明六通	有大威德	菩萨无数	志固精进
于佛智慧	皆不退转		
佛灭度后	正法当住	四十小劫	像法亦尔
我诸弟子	威德具足	其数五百	皆当授记
于未来世	咸得成佛	我及汝等	宿世因缘
吾今当说	汝等善听		

化城喻品第七

佛告诸比丘,乃往过去无量无边不可思议阿僧祇劫,尔时有佛,名大通智胜如来、应供、正遍知、明行足、善逝世间解、无上士、调御丈夫、天人师、佛、世尊,其国名好城,劫名大相。诸比丘!彼佛灭度已来,甚大久远。譬如三千大千世界所有地种,假使有人磨以为墨,过于东方千国土,乃下一点,大如微尘;又过千国土,复下一点;如是展转尽地种墨,于汝等意云何,是诸国土,若算师,若算师弟子,能得边际,知其数不?不也,世尊!诸比丘,是人所经国土,若点不点,尽抹为尘,一尘一劫,彼佛灭度已来,复过是数无量无边百千万亿阿僧祇劫,我以如来知见力故,观彼久远,犹若今日。尔时,世尊欲重宣此义,而说偈言:

我念过去世	无量无边劫	有佛两足尊	名大通智胜
如人以力磨	三千大千土	尽此诸地种	皆悉以为墨
过于千国土	乃下一尘点	如是展转点	尽此诸尘墨
如是诸国土	点与不点等	复尽抹为尘	一尘为一劫
此诸微尘数	其劫复过是	彼佛灭度来	如是无量劫
如来无碍智	知彼佛灭度	及声闻菩萨	如见今灭度
诸比丘当知	佛智净微妙	无漏无所碍	通达无量劫

佛告诸比丘:大通智胜佛,寿五百四十万亿那由他劫。其佛本坐道场,破魔军已,垂得阿耨多罗三藐三菩提,而诸佛法不现在前。如是一小劫,乃至十小劫,结跏趺坐,身心不动,而诸佛法犹不在前。尔时忉利诸天,先为彼佛,于菩提树下敷师子座,高一由旬,佛于此座,当得阿耨多罗三藐三菩提,适坐此座,时诸梵天王,雨众天华,面百由旬,香风时来,吹去萎华,更雨新者,如是不绝,满十

小劫，供养于佛，乃至灭度，常雨此华。四王诸天，为供养佛，常击天鼓，其余诸天，作天伎乐，满十小劫，至于灭度，亦复如是。

诸比丘，大通智胜佛过十小劫，诸佛之法，乃现在前，成阿耨多罗三藐三菩提。其佛未出家时，有十六子，其第一者，名曰智积。诸子各有种种珍异玩好之具，闻父得成阿耨多罗三藐三菩提，皆舍所珍，往诣佛所，诸母涕泣而随送之。其祖转轮圣王，与一百大臣，及余百千万亿人民，皆共围绕，随至道场。咸欲亲近大通智圣如来，供养恭敬，尊重赞叹。到已，头面礼足，绕佛毕已，一心合掌，瞻仰世尊，以偈颂曰：

大威德世尊	为度众生故	于无量亿岁	尔乃得成佛
诸愿已具足	善哉吉无上		
世尊甚希有	一坐十小劫	身体及手足	静然安不动
其心常澹泊	未曾有散乱	究竟永寂灭	安住无漏法
今者见世尊	安隐成佛道	我等得善利	称庆大欢喜
众生常苦恼	盲瞑无导师	不识苦尽道	不知求解脱
长夜增恶趣	减损诸天众	从冥入于冥	永不闻佛名
今佛得最上	安隐无漏道	我等及天人	为得最大利
是故咸稽首	归命无上尊		

尔时，十六王子偈赞佛已，劝请世尊转于法轮，咸作是言：世尊说法，多所安隐，怜愍饶益诸天人民。重说偈言：

世雄无等伦	百福自庄严	得无上智慧	愿为世间说
度脱于我等	及诸众生类	为分别显示	令得是智慧
若我等得佛	众生亦复然	世尊知众生	深心之所念
亦知所行道	又知智慧力	欲乐及修福	宿命所行业
世尊悉知已	当转无上轮		

佛告诸比丘：大通智胜佛得阿耨多罗三藐三菩提时，十方各五百万亿诸佛世界，六种震动，其国中间幽冥之处，日月威光所不能照，而皆大明。其中众生，各得相见，咸作是言：此中云何忽生众生？又其国界，诸天宫殿，乃至梵宫，六种震动，大光普照，遍满世界，胜诸天光。尔时，东方五百万亿诸国土中，梵天宫殿，光明照曜，倍于常明。诸梵天王各作是念：今者宫殿光明，昔所未有；以何因缘，而现此相？是时诸梵天王，即各相诣，共议此事；时彼众中，有一大梵天王，名救一切，为诸梵众而说偈言：

我等诸宫殿　光明昔未有　此是何因缘　宜各共求之
为大德天生　为佛出世间　而此大光明　遍照于十方

尔时，五百万亿国土诸梵天王，与宫殿俱，各以衣祴盛诸天华，共诣西方，推寻是相。见大通智胜如来，处于道场菩提树下，坐师子座，诸天、龙王、乾闼婆、紧那罗、摩睺罗伽、人非人等，恭敬围绕，及见十六王子，请佛转法轮。即时，诸梵天王头面礼佛，绕百千匝，即以天华而散佛上。其所散华，如须弥山，并以供养佛菩提树，其菩提树，高十由旬。华供养已，各以宫殿，奉上彼佛，而作是言：惟见哀愍，饶益我等，所献宫殿，愿垂纳处。时诸梵天王，即于佛前，一心同声，以偈颂曰：

世尊甚希有　难可得值遇　具无量功德　能救护一切
天人之大师　哀愍于世间　十方诸众生　普皆蒙饶益
我等所从来　五百万亿国　舍深禅定乐　为供养佛故
我等先世福　宫殿甚严饰　今以奉世尊　惟愿哀纳受

尔时，诸梵天王偈赞佛已，各作是言：惟愿世尊转于法轮，度脱众生，开涅槃道。时诸梵天王，一心同声，而说偈言：

世雄两足尊　惟愿演说法　以大慈悲力　度苦恼众生

尔时，大通智胜如来默然许之。又诸比丘，东南方五百万亿国土，诸大梵王，各自见宫殿光明照耀，昔所未有；欢喜踊跃，生稀有心。即各相诣，共议此事；时彼众中，有一大梵天王，名曰大悲，为诸梵众而说偈言：

是事何因缘	而现如此相	我等诸宫殿	光明昔未有
为大德天生	为佛出世间	未曾见此相	当共一心求
过千万亿土	寻光共推之	多是佛出世	度脱苦众生

尔时，五百万亿诸梵天王与宫殿俱，各以衣裓盛诸天华，共诣西北方，推寻是相。见大通智胜如来，处于道场菩提树下，坐师子座，诸天、龙王、乾闼婆、紧那罗、摩睺罗伽、人非人等，恭敬围绕，及见十六王子，请佛转法轮。时诸梵天王头面礼佛，绕百千匝，即以天华，而散佛上。所散之华，如须弥山，并以供养佛菩提树，华供养已，各以宫殿，奉上彼佛，而作是言：惟见哀愍，饶益我等，所献宫殿，愿垂纳受。尔时，诸梵天王即于佛前，一心同声，以偈颂曰：

圣主天中王	迦陵频伽声	哀愍众生者	我等今敬礼
世尊甚希有	久远乃一现	一百八十劫	空过无有佛
三恶道充满	诸天众减少		
今佛出于世	为众生作眼	世间所归趣	救护于一切
为众生之父	哀愍饶益者	我等宿福庆	今得值世尊

尔时，诸梵天王偈赞佛已，各作是言：惟愿世尊哀愍一切，转于法轮，度脱众生。时诸梵天王，一心同声，而说偈言：

| 大圣转法轮 | 显示诸法相 | 度苦恼众生 | 令得大欢喜 |
| 众生闻此法 | 得道若生天 | 诸恶道减少 | 忍善者增益 |

尔时，大通智胜如来默然许之。又诸比丘，南方五百万亿国土，诸大梵王，各自见宫殿光明照曜，昔所未有；欢喜踊跃，生希有心。即各相诣，共议此事；以何因缘，我等宫殿，有此光曜？而彼众中，有一大梵天王，名曰妙法，为诸梵众而说偈言：

我等诸宫殿　光明甚威曜　此非无因缘　是相宜求之
过于百千劫　未曾见是相　为大德天生　为佛出世间

尔时，五百万亿诸梵天王，与宫殿俱，各以衣祴盛诸天华，共诣北方，推寻是相。见大通智胜如来，处于道场菩提树下，坐师子座，诸天、龙王、乾闼婆、紧那罗、摩睺罗伽、人非人等，恭敬围绕，及见十六王子请佛转法轮。时诸梵天王头面礼佛，绕百千匝，即以天华而散佛上。所散之华，如须弥山，并以供养佛菩提树。华供养已，各以宫殿，奉上彼佛，而作是言：惟见哀愍，饶益我等，所献宫殿，愿垂纳受。尔时，诸梵天王即于佛前，一心同声，以偈颂曰：

世尊甚难见　破诸烦恼者　过百三十劫　今乃得一见
诸饥渴众生　以法雨充满　昔所未曾睹　无量智慧者
如优昙钵华　今日乃值遇
我等诸宫殿　蒙光故严饰　世尊大慈愍　惟愿垂纳受

尔时，诸梵天王偈赞佛已，各作是言：惟愿世尊转于法轮，令一切世间、诸天、魔、梵、沙门、婆罗门，皆获安隐，而得度脱。时诸梵天王，一心同声，以偈颂曰：

惟愿天人尊　转无上法轮　击于大法鼓　而吹大法螺
普雨大法雨　度无量众生　我等咸归请　当演深远音

尔时，大通智胜如来默然许之。西南方，乃至下方，亦复如是。尔时，上方五百万亿国土，诸大梵王，皆悉自睹所止宫殿，光明威曜，昔所未有；欢喜踊跃，生希有心。即各相诣，共议此事；以何因缘，我等宫殿，有斯光明？时彼众中，有一大梵天王，名曰尸弃，为诸梵众而说偈言：

今以何因缘　我等诸宫殿　威德光明曜　严饰未曾有
如是之妙相　昔所未闻见　为大德天生　为佛出世间

尔时，五百万亿诸梵天王，与宫殿俱，各以衣祴盛诸天华，共诣下方，推寻是相。见大通智胜如来，处于道场菩提树下，坐师子座，诸天、龙王、乾闼婆、紧那罗、摩睺罗伽、人非人等，恭敬围绕，及见十六王子请佛转法轮。时诸梵天王头面礼佛，绕百千匝，即以天华而散佛上。所散之华，如须弥山，并以供养佛菩提树。华供养已，各以宫殿，奉上彼佛，而作是言：惟见哀愍，饶益我等，所献宫殿，愿垂纳处。时诸梵天王即于佛前，一心同声，以偈颂曰：

善哉见诸佛　救世之圣尊　能于三界狱　勉出诸众生
普智天人尊　哀愍群萌类　能开甘露门　广度于一切
于昔无量劫　空过无有佛　世尊未出时　十方常闇冥
三恶道增长　阿修罗亦盛　诸天众减少　死多堕恶道
不从佛闻法　常行不善事　色力及智慧　斯等皆减少
罪业因缘故　失乐及乐想　住于邪见法　不识善仪则
不蒙佛所化　常堕于恶道
佛为世间眼　久远时乃出　哀愍诸众生　故现于世间
超出成正觉　我等甚欣庆　及余一切众　喜叹未曾有
我等诸宫殿　蒙光故严饰　今以奉世尊　惟垂哀纳受
愿以此功德　普及于一切　我等与众生　皆共成佛道

尔时，五百万亿诸梵天王，偈赞佛已，各白佛言：惟愿世尊转于法轮，多所安隐，多所度脱。时诸梵天王，而说偈言：

世尊转法轮　击甘露法鼓　度苦恼众生　开示涅槃道
惟愿受我请　以大微妙音　哀愍而敷演　无量劫集法

尔时大通智胜如来，受十方诸梵天王及十六王子请。即时三转十二行法轮，若沙门、婆罗门，若天、魔、梵，及余世间所不能转，谓是苦，是苦集，是苦灭，是苦灭道。及广说十二因缘法，无明缘行，行缘识，识缘名色，名色缘六入，六入缘触，触缘受，受缘爱，爱缘取，取缘有，有缘生，生缘老死忧悲苦恼。无明灭则行灭，行灭则识灭，识灭则名色灭，名色灭则六入灭，六入灭则触灭，触灭则受灭，受灭则爱灭，爱灭则取灭，取灭则有灭，有灭则生灭，生灭则老死忧悲苦恼灭。佛于天人大众之中，说是法时，六百万亿那由他人，以不受一切法故，而于诸漏，心得解脱，皆得深妙禅定、三明六通，具八解脱，第二、第三、第四说法时，千万亿恒河沙那由他等众生，亦以不受一切法故，而于诸漏，心得解脱。从是已后，诸声闻众无量无边，不可称数。

尔时，十六王子皆以童子出家，而为沙弥，诸根通利，智慧明了，已曾供养百千万亿诸佛，净修梵行，求阿耨多罗三藐三菩提。俱白佛言：世尊！是诸无量千万亿大德声闻，皆已成就。世尊！亦当为我等说阿耨多罗三藐三菩提法，我等闻已，皆共修学。世尊！我等志愿，如来知见，深心所念，佛自证知。

尔时，转轮圣王所将众中八万亿人，见十六王子出家，亦求出家，王即听许。尔时，彼佛受沙弥请，过二万劫已，乃于四众之中，说是大乘经，名妙法莲华，教菩萨法，佛所护念。说是经已，十六沙弥为阿耨多罗三藐三菩提故，皆共受持，讽诵通利。说是经时，十六菩萨沙弥皆悉信受；声闻众中，亦有信解，其余众生，千万亿种，皆生疑惑。佛说是经，于八千劫，未曾休废。说是经已，即入静室，住于禅定八万四千劫。是时十六菩萨沙弥知佛入室，寂然禅定，各升法座，亦于八万四千劫，为四部众广说分别妙法华经，一一皆度六百万亿那由他恒河沙等众生，示教利喜，令发阿耨多罗三藐三菩提心。

大通智胜佛过八万四千劫已，从三昧起，往诣法座，安详而坐，普告大众，是十六菩萨沙弥甚为希有，诸根通利，智慧明了，已曾供养无量千万亿数诸佛；于诸佛所，常修梵行，受持佛智，开示众生，令入其中。汝等皆当数数亲近而供养之，所以者何？若声闻、辟支佛，及诸菩萨，能信是十六菩萨所说经法，受持不毁者，是人皆当得阿耨多罗三藐三菩提如来之慧。佛告诸比丘，是十六菩萨常乐说是妙法莲华经，一一菩萨所化六百万亿那由它恒河沙等众生，世世所生，与菩萨俱，从其闻法，悉皆信解；以此因缘，得值四万亿诸佛世尊，于今不尽。

诸比丘，我今语汝，彼佛弟子十六沙弥，今皆得阿耨多罗三藐三菩提，于十方国土，现在说法，有无量百千万亿菩萨、声闻，以为眷属。其二沙弥，东方作佛，一名阿閦，在欢喜国，二名须弥顶；东南方二佛，一名师子音，二名师子相；南方二佛，一名虚空住，二名常灭；西南方二佛，一名帝相，二名梵相；西方二佛，一名阿弥陀，二名度一切世间苦恼；西北方二佛，一名多摩罗跋栴檀香神通，二名须弥相；北方二佛，一名云自在，二名云自在王；东北方佛，名坏一切世间怖畏；第十六，我释迦牟尼佛，于娑婆国土，成阿耨多罗三藐三菩提。

诸比丘，我等为沙弥时，各各教化无量百千万亿恒河沙等众生，从我闻法，为阿耨多罗三藐三菩提。此诸众生，于今有住声闻地者，我常教化阿耨多罗三藐三菩提；是诸人等，应以是法，渐入佛道。所以者何？如来智慧，难信难解。尔时所化无量恒河沙等众生者，汝等诸比丘，及我灭度后未来世中声闻弟子是也。我灭度后，复有弟子，不闻是经，不知不觉菩萨所行，自于所得功德，生灭度想，当入涅槃。我于余国作佛，更有异名，是人虽生灭度之想，入于涅槃，而于彼土，求佛智慧，得闻是经，唯以佛乘而得灭度，更无余乘，除诸如来方便说法。诸比丘，若如来自知涅槃时到，众又清净，信解坚固，了达空法，深入禅定，便集诸菩萨及声闻众，为说是经；世间无有二乘而得灭度，惟一佛乘得灭度耳。

比丘当知，如来方便，深入众生之性，知其志乐小法，深着五欲，为是等故，说于涅槃，是人若闻，则便信受。譬如五百由旬险难恶道，旷绝无人怖畏之处，若有多众，欲过此道至珍宝处。有一导师，聪慧明达，善知险道通塞之相，将导众人，欲过此难。所将人众，中路懈退，白导师言：我等疲极，而复怖畏，不能复进，前路犹远，今欲退还。导师多诸方便，而作是念：此等可愍，云何舍大珍宝而欲退还？作是念已，以方便力，于险道中，过三百由旬，化作一城，告众人言：汝等勿怖，莫得退还！今此大城，可于中止，随意所作，若入是城，快得安隐；若能前至宝所，亦可得去。是时，疲极之众，心大欢喜，叹未曾有，我等今者，免斯恶道，快得安隐；于是众人前入化城，生已度想，生安隐想。

尔时，导师知此人众既得止息，无复疲倦，即灭化城，语众人言：汝等去来，宝处在近，向者大城，我所化作，为止息耳。诸比丘，如来亦复如是，今为汝等作大导师，知诸生死烦恼恶道，险难长远，应去应度。若众生但闻一佛乘者，则不欲见佛，不欲亲近，便作是念，佛道长远，久受勤苦，乃可得成。佛知是心怯弱下劣，以方便力，而于中道为止息故，说二涅槃。若众生住于二地，如来尔时即便为说，汝等所作未办，汝所住地，近于佛慧，当观察筹量，所得涅槃，非真实也；但是如来方便之力，于一佛乘，分别说三。如彼导师，为止息故，化作大城；既知息已，而告之言：宝处在近，此城非实，我化作耳。尔时，世尊欲重宣此义，而说偈言：

大通智胜佛
诸天神龙王
诸天击天鼓
过十小劫已
彼佛十六子
头面礼佛足
世尊甚难值
东方诸世界
诸梵见此相
请佛转法轮
三方及四维
世尊甚难值
无量慧世尊
无明至老死
宣畅是法时
第二说法时
从是后得道
时十六王子
我等及营从
佛知童子心
说六波罗蜜
说是法华经
彼佛说经已
是诸沙弥等
各各坐法座
一一沙弥等
彼佛灭度后
是十六沙弥
十劫坐道场
阿修罗众等
并作众伎乐
乃得成佛道
皆与其眷属
而请转法轮
久远时一现
五百万亿国
寻来至佛所
以偈而赞叹
上下亦复尔
愿以本慈悲
受彼众人请
皆从生缘有
六百万亿垓
千万恒沙众
其数无有量
出家作沙弥
皆当成佛道
宿世之所行
及诸神通事
如恒河沙偈
静室入禅定
知佛禅未出
说是大乘经
所度诸众生
是诸闻法者
具足行佛道
佛法不现前
常雨于天华
香风吹萎华
诸天及世人
千万亿围绕
圣师子法雨
为觉悟群生
梵宫殿光曜
散华以供养
佛知时未至
散华奉宫殿
广开甘露门
为宣种种法
如是众过患
得尽诸苦际
于诸法不受
万亿劫算数
皆共请彼佛
愿得如世尊
以无量因缘
分别真实法
一心一处坐
为无量亿众
于佛宴寂后
有六百万亿
在在诸佛土
今现在十方
不得成佛道
以供养彼佛
更雨新好者
心皆怀踊跃
俱行至佛所
充我及一切
震动于一切
昔所未曾有
并奉上宫殿
受请默然坐
请佛转法轮
转无上法轮
四谛十二缘
汝等应当知
皆成阿罗汉
亦得阿罗汉
不能得其边
演说大乘法
慧眼第一净
种种诸譬喻
菩萨所行道
八万四千劫
说佛无上慧
宣扬助法化
恒河沙等众
常与师俱生
各得成正觉

尔时闻法者
我在十六数
以是本因缘
譬如险恶道
无数千万众
时有一导师
众人皆疲倦
导师作是念
寻时思方便
周匝有园林
即作是化已
诸人既入城
导师知息已
我见汝疲极
汝今勤精进
我亦复如是
见诸求道者
故以方便力
既知到涅槃
诸佛方便力
今为汝说实
汝证一切智
诸佛之导师

各在诸佛所
曾亦为汝说
今说法华经
迥绝多毒兽
欲过此险道
强识有智慧
而白导师言
此辈甚可愍
当设神通力
渠流及浴池
慰众言勿惧
心皆大欢喜
集众而告言
中路欲退还
当共至宝所
为一切导师
中路而懈废
为息说涅槃
皆得阿罗汉
分别说三乘
汝所得非灭
十力等佛法
为息说涅槃

其有住声闻
是故以方便
令汝入佛道
又复无水草
其路甚旷远
明了心决定
我等今顿乏
如何欲退还
化作大城郭
重门高楼阁
汝等入此城
皆生安隐想
汝等当前进
故以方便力

不能度生死
言汝等苦灭
尔乃集大众
唯有一佛乘
为佛一切智
具三十二相
既知是息已

渐教以佛道
引汝趣佛慧
慎勿怀惊惧
人所怖畏处
经五百由旬
在险济众难
于此欲退还
而失大珍宝
庄严诸舍宅
男女皆充满
各可随所乐
自谓已得度
此是化城耳
权化作此城

烦恼诸险道
所作皆已办
为说真实法
息处故说二
当发大精进
乃是真实灭
引入于佛慧

卷第四

五百弟子授记品第八

尔时,富楼那弥多罗尼子,从佛闻是智慧方便,随宜说法,又闻授诸大弟子阿耨多罗三藐三菩提记,复闻宿世因缘之事,复闻诸佛有大自在神通之力,得未曾有,心净踊跃。即从座起,到于佛前,头面礼足,却住一面,瞻仰尊颜,目不暂舍。而作是念,世尊甚奇特,所为希有;随顺世间若干种性,以方便知见而为说法,拔出众生处处贪着。我等于佛功德,言不能宣,惟佛世尊能知我等深心本愿。

尔时,佛告诸比丘,汝等见是富楼那弥多罗尼子不?我常称其于说法人中,最为第一;亦常叹其种种功德,精勤护持,助宣我法,能于四众示教利喜,具足解释佛之正法,而大饶益同梵行者。自舍如来无能尽其言论之辩。

汝等勿谓富楼那但能护持助宣我法,亦于过去九十亿诸佛所,护持助宣佛之正法,于彼说法人中,亦最第一。又于诸佛所说空法,明了通达,得四无碍智;常能审谛清净说法,无有疑惑,具足菩萨神通之力。随其寿命,常修梵行;彼佛世人,咸皆谓之实是声闻。而富楼那以斯方便,饶益无量百千众生,又化无量阿僧祇人,令立阿耨多罗三藐三菩提。为净佛土故,常作佛事,教化众生。诸比丘,富楼那亦于七佛说法人中,而得第一;今于我所说法人中,亦为第一;于贤劫中,当来诸佛说法人中,亦复第一,而皆护持助宣佛法。亦于未来护持助宣无量无边诸佛之法,教化饶益无量众生,令立阿耨多罗三藐三菩提。

为净佛土故,常勤精进,教化众生。渐渐具足菩萨之道;过无量阿僧祇劫,当于此土,得阿耨多罗三藐三菩提,号曰法明如来、应供、正遍知、明行足、善逝世间解、无上士、调御丈夫、天人师、佛、世尊。其佛以恒河沙等三千大千世界为一佛土,七宝为地,地平如掌,无有山陵溪涧沟壑,七宝台观充满其中,诸天宫殿,近处虚空,人天交接,两得相见。无诸恶道,亦无女人,一切众生皆以化生,无有淫欲,得大神通。身出光明,飞行自在,志念坚固,精进智慧,普皆金色,三十二相而自庄严。其国众生常以二食,一者法喜食,二者禅悦食。有无量阿僧祇千万亿那由他诸菩萨众,得大神通,四无碍智,善能教化众生之类。其声闻众,算数校计所不能知,皆得具足六通三明,及八解脱。其佛国土,有如是等无量功德庄严成就。劫名宝明,国名善净。其佛寿命无量阿僧祇劫,法住甚久,佛灭度后,起七宝塔,遍满其国。尔时,世尊欲重宣此义,而说偈言:

诸比丘谛听	佛子所行道	善学方便故	不可得思议
知众乐小法	而畏于大智	是故诸菩萨	作声闻缘觉
以无数方便	化诸众生类	自说是声闻	去佛道甚远
度脱无量众	皆悉得成就	虽小欲懈怠	渐当令作佛
内秘菩萨行	外现是声闻	少欲厌生死	实自净佛土
示众有三毒	又现邪见相	我弟子如是	方便度众生
若我具足说	种种现化事	众生闻是者	心则怀疑惑
今此富楼那	于昔千亿佛	勤修所行道	宣护诸佛法
为求无上慧	而于诸佛所	现居弟子上	多闻有智慧
所说无所畏	能令众欢喜	未曾有疲倦	而以助佛事
已度大神通	具四无碍智	知诸根利钝	常说清净法
演畅如是义	教诸千亿众	令住大乘法	而自净佛土
未来亦供养	无量无数佛	护助宣正法	亦自净佛土

常以诸方便　说法无所畏　度不可计众　成就一切智
供养诸如来　护持法宝藏　其后得成佛　号名曰法明
其国名善净　七宝所合成　劫名为宝明　菩萨众甚多
其数无量亿　皆度大神通　威德力具足　充满其国土
声闻亦无数　三明八解脱　得四无碍智　以是等为僧
其国诸众生　淫欲皆已断　纯一变化生　具相庄严身
法喜禅悦食　更无余食想　无有诸女人　亦无诸恶道
富楼那比丘　功德悉成满　当得斯净土　贤圣众甚多
如是无量事　我今但略说

尔时，千二百阿罗汉心自在者作是念：我等欢喜，得未曾有，若世尊各见授记，如余大弟子者，不亦快乎？佛知此等心之所念，告摩诃迦叶，是千二百阿罗汉，我今当现前次第与授阿耨多罗三藐三菩提记。于此众中，我大弟子憍陈如比丘，当供养六万二千亿佛，然后得成为佛，号曰普明如来、应供、正遍知、明行足、善逝世间解、无上士、调御丈夫、天人师、佛、世尊。其五百阿罗汉、优楼频螺迦叶、伽耶迦叶、那提迦叶、迦留陀夷、优陀夷、阿〔少+免〕楼驮、离婆多、劫宾那、薄拘罗、周陀、莎伽陀等，皆当得阿耨多罗三藐三菩提，尽同一号，名曰普明。尔时，世尊欲重宣此义，而说偈言：

憍陈如比丘　当见无量佛　过阿僧祇劫　乃成等正觉
常放大光明　具足诸神通　名闻遍十方　一切之所敬
常说无上道　故号为普明　其国土清净　菩萨皆勇猛
咸升妙楼阁　游诸十方国　以无上供具　奉献于诸佛
作是供养已　心怀大欢喜　须臾还本国　有如是神力
佛寿六万劫　正法住倍寿　像法复倍是　法灭天人忧
其五百比丘　次第当作佛　同号曰普明　转次而授记
我灭度之后　某甲当作佛　其所化世间　亦如我今日
国土之严净　及诸神通力　菩萨声闻众　正法及像法
寿命劫多少　皆如上所说

迦叶汝已知　五百自在者　余诸声闻众　亦当复如是
其不在此会　汝当为宣说

尔时，五百阿罗汉于佛前得授记已，欢喜踊跃，即从座起，到于佛前，头面礼足，悔过自责。世尊！我等常作是念，自谓已得究竟灭度，今乃知之，如无智者。所以者何？我等应得如来智慧，而便自以小智为足。世尊！譬如有人至亲友家，醉酒而卧，是时亲友官事当行，以无价宝珠系其衣里，与之而去。其人醉卧，都不觉知，起已游行，到于他国；为衣食故，勤力求索，甚大艰难，若少有所得，便以为足。于后，亲友会遇见之，而作是言：咄哉丈夫！何为衣食乃至如是？我昔欲令汝得安乐，五欲自恣，于某年月日，以无价宝珠系汝衣里，今故现在；而汝不知，勤苦忧恼以求自活，甚为痴也。汝今可以此宝，贸易所须，常可如意，无所乏短。佛亦如是，为菩萨时，教化我等，令发一切智心，而寻废忘，不知不觉，既得阿罗汉道，自谓灭度，资生艰难，得少为足。一切智愿，犹在不失。今者，世尊觉悟我等，作如是言：诸比丘，汝等所得，非究竟灭，我久令汝等种佛善根，以方便故，示涅槃相，而汝谓为实得灭度。世尊！我今乃知实是菩萨，得受阿耨多罗三藐三菩提记，以是因缘，甚大欢喜，得未曾有。尔时，阿若憍陈如等，欲重宣此义，而说偈言：

我等闻无上　安隐授记声　欢喜未曾有　礼无量智佛
今于世尊前　自悔诸过咎
于无量佛宝　得少涅槃分　如无智愚人　便自以为足
譬如贫穷人　往至亲友家　其家甚大富　具设诸肴膳
以无价宝珠　系着内衣里　默与而舍去　时卧不觉知
是人既已起　游行诣他国　求衣食自济　资生甚艰难
得少便为足　更不愿好者　不觉内衣里　有无价宝珠
与珠之亲友　后见此贫人　苦切责之已　示以所系珠
贫人见此珠　其心大欢喜　富有诸财物　五欲而自恣

我等亦如是　世尊于长夜　常愍见教化　令种无上愿
我等无智故　不觉亦不知　得少涅槃分　自足不求余
今佛觉悟我　言非实灭度　得佛无上慧　尔乃为真灭
我今从佛闻　授记庄严事　乃转次受决　身心遍欢喜

授学无学人记品第九

尔时，阿难、罗睺罗而作是念：我等每自思惟，设得授记，不亦快乎？即从座起，到于佛前，头面礼足，俱白佛言：世尊！我等于此，亦应有分，唯有如来，我等所归；又我等为一切世间天人阿修罗所见知识，阿难常为侍者，护持法藏，罗睺罗是佛之子，若佛见授阿耨多罗三藐三菩提记者，我愿既满，众望亦足。尔时，学无学声闻弟子二千人，皆从座起，偏袒右肩，到于佛前，一心合掌，瞻仰世尊，如阿难、罗睺罗所愿，住立一面。

尔时，佛告阿难：汝于来世，当得作佛，号山海慧自在通王如来、应供、正遍知、明行足、善逝、世间解、无上士、调御丈夫、天人师、佛、世尊。当供养六十二亿诸佛，护持法藏，然后得阿耨多罗三藐三菩提。教化二十千万亿恒河沙诸菩萨等，令成阿耨多罗三藐三菩提。国名常立胜幡，其土清净，琉璃为地，劫名妙音遍满。其佛寿命无量千万亿阿僧祇劫，若人于千万亿无量阿僧祇劫中，算数校计，不能得知。正法住世，倍于寿命；像法住世，复倍正法。阿难，是山海慧自在通王佛，为十方无量千万亿恒河沙等诸佛如来所共赞叹，称其功德。尔时，世尊欲重宣此义，而说偈言：

我今僧中说	阿难持法者	常供养诸佛	然后成正觉
号曰山海慧	自在通王佛	其国土清净	名常立胜幡
教化诸菩萨	其数如恒沙	佛有大威德	名闻满十方
寿命无有量	以愍众生故	正法倍寿命	像法复倍是
如恒河沙等	无数诸众生	于此佛法中	种佛道因缘

尔时，会中新发意菩萨八千人，咸作是念：我等尚不闻诸

大菩萨得如是记，有何因缘而诸声闻得如是决？尔时，世尊知诸菩萨心之所念，而告之曰：诸善男子！我与阿难等，于空王佛所，同时发阿耨多罗三藐三菩提心；阿难常乐多闻，我常勤精进，是故我已得成阿耨多罗三藐三菩提。而阿难护持我法，亦护将来诸佛法藏，教化成就诸菩萨众，其本愿如是，故获斯记。阿难面于佛前，自闻授记及国土庄严，所愿具足，心大欢喜，得未曾有；即时忆念过去无量千万亿诸佛法藏，通达无碍，如今所闻，亦识本愿。尔时，阿难而说偈言：

世尊甚希有　令我念过去　无量诸佛法　如今日所闻
我今无复疑　安住于佛道　方便为侍者　护持诸佛法

尔时，佛告罗睺罗：汝于来世，当得作佛，号蹈七宝华如来、应供、正遍知、明行足、善逝、世间解、无上士、调御丈夫、天人师、佛、世尊。当供养十世界微尘等数诸佛如来，常为诸佛而作长子，犹如今也。是蹈七宝华佛，国土庄严、寿命劫数、所化弟子、正法像法，亦如山海慧自在通王如来无异，亦为此佛而作长子。过是已后，当得阿耨多罗三藐三菩提。尔时，世尊欲重宣此义，而说偈言：

我为太子时　罗睺为长子　我今成佛道　受法为法子
于未来世中　见无量亿佛　皆为其长子　一心求佛道
罗睺罗密行　唯我能知之　现为我长子　以示诸众生
无量亿千万　功德不可数　安住于佛法　以求无上道

尔时，世尊见学无学二千人，其意柔软，寂然清净，一心观佛；佛告阿难：汝见是学无学二千人不？唯然，已见。阿难！是诸人等，当供养五十世界微尘数诸佛如来，恭敬尊重，护持法藏；末后，同时于十方国，各得成佛，皆同一号，名曰宝相如来、应供、正遍知、明行足、善逝、世间解、无上士、调御丈夫、天人师、佛、世尊。寿命一劫，

国土庄严,声闻菩萨,正法像法,皆悉同等。尔时,世尊欲重宣此义,而说偈言:

是二千声闻　今于我前住　悉皆与授记　未来当成佛
所供养诸佛　如上说尘数　护持其法藏　后当成正觉
各于十方国　悉同一名号　俱时坐道场　以证无上慧
皆名为宝相　国土及弟子　正法与像法　悉等无有异
咸以诸神通　度十方众生　名闻普周遍　渐入于涅槃

尔时,学无学二千人,闻佛授记,欢喜踊跃,而说偈言:

世尊慧灯明　我闻授记音　心欢喜充满　如甘露见灌

法师品第十

尔时，世尊因药王菩萨，告八万大士：药王！汝见是大众中，无量诸天、龙王、夜叉、乾闼婆、阿修罗、迦楼罗、紧那罗、摩睺罗伽，人与非人，及比丘、比丘尼、优婆塞、优婆夷，求声闻者，求辟支佛者，求佛道者，如是等类，咸于佛前，闻妙法华经，一偈、一句，乃至一念随喜者，我皆与授记，当得阿耨多罗三藐三菩提。

佛告药王，又如来灭度之后，若有人闻妙法华经，乃至一偈、一句、一念随喜者，我亦与授阿耨多罗三藐三菩提记。若复有人，受持、读诵、解说、书写妙法华经，乃至一偈，于此经卷，敬视如佛，种种供养，华香、璎珞、末香、涂香、烧香、缯盖、幢幡、衣服、伎乐，乃至合掌恭敬。药王！当知是诸人等，已曾供养十万亿佛，于诸佛所，成就大愿，愍众生故，生此人间。药王！若有人问，何等众生于未来世当得作佛？应示是诸人等，于未来世，必得作佛。

何以故？若善男子、善女人，于法华经，乃至一句，受持、读诵、解说、书写，种种供养经卷，华香、璎珞、末香、涂香、烧香、缯盖、幢幡、衣服、伎乐，合掌恭敬，是人一切世间所应瞻奉，应以如来供养而供养之。当知此人是大菩萨，成就阿耨多罗三藐三菩提，哀愍众生，愿生此间，广演分别妙法华经；何况尽能受持种种供养者？药王！当知是人，自舍清净业报，于我灭度后，愍众生故，生于恶世，广演此经。若是善男子、善女人，我灭度后，能窃为一人说法华经，乃至一句，当知是人，则如来使，如来所遣，行如来事；何况于大众中，广为人说？药王！若有恶人，以不善心，于一劫中，现于佛前，常毁骂佛，其罪尚轻；若人以一恶言，毁訾在家出家读诵法华经者，其罪甚重。药王！其有读诵法华经者，当知是人，以佛庄严而自庄严，则为如来肩所荷担，其所至方，应随向礼，一心合掌，恭敬供养，尊重赞叹，华香、璎珞、末香、涂香、烧香、缯盖、幢幡、衣服、肴馔，作诸伎乐，人中上供而供养之，应持天宝而以散之，天上宝聚，应以奉献，所以者何？是人欢喜说法，须臾闻之，即得究竟阿耨多罗三藐三菩提故。尔时，世尊欲重宣此义，而说偈言：

若欲住佛道　成就自然智　常当勤供养　受持法华者
其有欲疾得　一切种智慧　当受持是经　并供养持者
若有能受持　妙法华经者　当知佛所使　愍念诸众生
诸有能受持　妙法华经者　舍于清净土　愍众故生此
当知如是人　自在所欲生　能于此恶世　广说无上法
应以天华香　及天宝衣服　天上妙宝聚　供养说法者
吾灭后恶世　能持是经者　当合掌礼敬　如供养世尊
上馔众甘美　及种种衣服　供养是佛子　冀得须臾闻
若能于后世　受持是经者　我遣在人中　行于如来事
若于一劫中　常怀不善心　作色而骂佛　获无量重罪
其有读诵持　是法华经者　须臾加恶言　其罪复过彼
有人求佛道　而于一劫中　合掌在我前　以无数偈赞
由是赞佛故　得无量功德　叹美持经者　其福复过彼
于八十亿劫　以最妙色声　及与香味触　供养持经者
如是供养已　若得须臾闻　则应自欣庆　我今获大利
药王今告汝　我所说诸经　而于此经中　法华最第一

尔时，佛复告药王菩萨摩诃萨：我所说经典，无量千万亿，已说、今说、当说，而于其中，此法华经最为难信难解。药王！此经是诸佛秘要之藏，不可分布妄授与人，诸佛世尊之所守护，从昔以来，未曾显说；而此经者，如来现在，犹多怨嫉，况灭度后。

药王！当知如来灭后，其能书持、读诵、供养，为他人说者,如来则为以衣覆之,又为他方现在诸佛之所护念;是人有大信力,及志愿力、诸善根力,当知是人与如来共宿,则为如来手摩其头。药王!在在处处,若说若读,若诵若书,若经卷所住处,皆应起七宝塔,极令高广严饰,不需复安舍利。所以者何?此中已有如来全身,此塔应以一切华香、璎珞、缯盖、幢幡,伎乐歌颂,供养恭敬,尊重赞叹。若有人得见此塔,礼拜供养,当知是等,皆近阿耨多罗三藐三菩提。

药王!多有人在家、出家,行菩萨道,若不能得见闻、读诵、书持、供养是法华经者,当知是人未善行菩萨道;若有得闻是经典者,乃能善行菩萨之道。其有众生求佛道者,若见若闻是法华经,闻已,信解受持者;当知是人,得近阿耨多罗三藐三菩提。药王!譬如有人,渴乏须水,于彼高原,穿凿求之,犹见乾土,知水尚远,施功不已,转见湿土,遂渐至泥,其心决定,知水必近。菩萨亦复如是,若未闻未解,未能修习是法华经,当知是人,去阿耨多罗三藐三菩提尚远;若得闻解,思惟修习,必知得近阿耨多罗三藐三菩提。所以者何?一切菩萨阿耨多罗三藐三菩提,皆属此经;此经开方便门,示真实相。是法华经藏,深固幽远,无人能到,今佛教化成就菩萨,而为开示。

药王!若有菩萨闻是法华经,惊疑怖畏,当知是为新发意菩萨;若声闻人闻是经,惊疑怖畏,当知是为增上慢者。药王!若有善男子、善女人,如来灭后,欲为四众说是法华经者,云何应说?是善男子、善女人,入如来室,着如来衣,坐如来座,尔乃应为四众广说斯经。如来室者,一切众生中,大慈悲心是;如来衣者,柔和忍辱心是;如来座者,一切法空是。安住是中,然后以不懈怠心,为诸菩萨及四众,广说是法华经。

药王!我于余国遣化人,为其集听法众;亦遣化比丘、比丘尼、优婆塞、优婆夷,听其说法;是诸化人,闻法信受,随顺不逆。若说法者,在空闲处,我时广遣天龙、鬼神、乾闼婆、阿修罗等,听其说法。我虽在异国,时时令说法者得见我身;若于此经忘失句读,我还为说令得具足。尔时,世尊欲重宣此义,而说偈言:

欲舍诸懈怠　应当听此经　是经难得闻　信受者亦难
如人渴须水　穿凿于高原　犹见乾燥土　知去水尚远
渐见湿土泥　决定知近水
药王汝当知　如是诸人等　不闻法华经　去佛智甚远
若闻是深经　决了声闻法　是诸经之王　闻已谛思惟
当知此人等　近于佛智慧
若人说此经　应入如来室　着于如来衣　而坐如来座
处众无所畏　广为分别说　大慈悲为室　柔和忍辱衣
诸法空为座　处此为说法　若说此经时　有人恶口骂
加刀杖瓦石　念佛故应忍
我千万亿土　现净坚固身　于无量亿劫　为众生说法
若我灭度后　能说此经者　我遣化四众　比丘比丘尼
及清净士女　供养于法师　引导诸众生　集之令听法
若人欲加恶　刀杖及瓦石　则遣变化人　为之作卫护
若说法之人　独在空闲处　寂寞无人声　读诵此经典
我尔时为现　清净光明身　若忘失章句　为说令通利
若人具是德　或为四众说　空处读诵经　皆得见我身
若人在空闲　我遣天龙王　夜叉鬼神等　为作听法众
是人乐说法　分别无挂碍　诸佛护念故　能令大众喜
若亲近法师　速得菩萨道　随顺是师学　得见恒沙佛

见宝塔品第十一

尔时，佛前有七宝塔，高五百由旬，纵广二百五十由旬，从地涌出，住在空中。种种宝物而庄校之；五千栏楯，龛室千万，无数幢幡以为严饰，垂宝璎珞宝铃万亿而悬其上。四面皆出多摩罗跋栴檀之香，充遍世界。其诸幡盖，以金、银、琉璃、砗磲、玛瑙、真珠、玫瑰，七宝合成，高至四天王宫。三十三天，雨天曼陀罗华，供养宝塔。余诸天、龙、夜叉、乾闼婆、阿修罗、迦楼罗、紧那罗、摩睺罗伽、人非人等，千万亿众，以一切华香、璎珞、幡盖、伎乐，供养宝塔，恭敬尊重赞叹。尔时，宝塔中出大音声，叹言：善哉！善哉！释迦牟尼世尊！能以平等大慧教菩萨法，佛所护念妙法华经，为大众说；如是！如是！释迦牟尼世尊！如所说者，皆是真实。尔时四众，见大宝塔住在空中，又闻塔中所出音声，皆得法喜，怪未曾有，从座而起，恭敬合掌，却住一面。尔时，有菩萨摩诃萨名大乐说，知一切世间天、人、阿修罗等，心之所疑，而白佛言：世尊！以何因缘，有此宝塔从地涌出，又于其中，发是音声？尔时，佛告大乐说菩萨：此宝塔中，有如来全身，乃往过去东方无量千万亿阿僧祇世界，国名宝净，彼中有佛，号曰多宝；其佛行菩萨道时，作大誓愿，若我成佛，灭度之后，于十方国土，有说法华经处，我之塔庙为听是经故，涌现其前，为作证明，赞言善哉。彼佛成道已，临灭度时，于天人大众中，告诸比丘，我灭度后，欲供养我全身者，应起一大塔。其佛以神通愿力，十方世界，在在处处，若有说法华经者，彼之宝塔皆涌出其前，全身在于塔中，赞言善哉善哉。大乐说！今多宝如来塔，闻说法华经故，从地涌出，赞言善哉善哉。是时，大乐说菩萨以如来神力故，白佛言：世尊！我等愿欲见此佛身。佛告大乐说菩萨摩诃萨：是多宝佛有深重愿，若我宝塔为听法华经故，出于诸佛前时，其有欲以我身示四众者,彼佛分身诸佛,在于十方世界说法,尽还集一处,然后我身乃出现耳。大乐说！我分身诸佛,在于十方世界说法者,今应当集。大乐说白佛言：世尊！我等亦愿欲见世尊分身诸佛,礼拜供养。尔时,佛放白毫一光,即见东方五百万亿那由他恒河沙等国土诸佛,彼诸国土,皆以玻璃为地,宝树宝衣以为庄严,无数千万亿菩萨充满其中,遍张宝幔,宝网罗上。彼国诸佛,以大妙音而说诸法,及见无量千万亿菩萨遍满诸国,为众说法。南西北方,四维上下,白毫相光所照之处,亦复如是。尔时,十方诸佛各告众菩萨言：善男子！我今应往娑婆世界释迦牟尼佛所,并供养多宝如来宝塔。时娑婆世界即变清净,琉璃为地,宝树庄严,黄金为绳以界八道,无诸聚落、村营、城邑、大海、江河、山川、林薮。烧大宝香,曼陀罗华遍布其地,以宝网幔罗覆其上,悬诸宝铃。唯留此会众,移诸天人置于他土。是时诸佛,各将一大菩萨以为侍者,至娑婆世界,各到宝树下。一一宝树,高五百由旬,枝叶华果次第庄严,诸宝树下皆有师子之座,高五由旬,亦以大宝而校饰之。尔时,诸佛各于此座结跏趺坐,如是展转,遍满三千大千世界,而于释迦牟尼佛一方所分之身,犹故未尽。时释迦牟尼佛,欲容受所分身诸佛故,八方各更变二百万亿那由他国,皆令清净,无有地狱、饿鬼、畜生,及阿修罗,又移诸天人置于他土。所化之国,亦以琉璃为地,宝树庄严,树高五百由旬,枝叶华果次第严饰,树下皆有宝师子座,高五由旬,种种诸宝以为庄校。亦无大海江河,及目真邻陀山、摩诃目真邻陀山、铁围山、大铁围山、须弥山等诸山王,通为一佛国土。宝地平正,宝交露幔,遍覆其上,悬诸幡盖,烧大宝香,诸天宝华遍布其地。释迦牟尼佛为诸佛当来坐故,复于八方,各更变二百万亿那由他国,皆令清净,无有地狱、饿鬼、畜生,及阿修罗,又移诸天人置于他土。所化之国,亦以琉璃为地,宝树庄严,树高五百由旬,枝叶华果次第庄严,树下皆有宝师子座,高五由旬,亦以大宝而校饰之。亦无大海江河,及目真邻陀山、摩诃目真邻陀山、铁围山、大铁围山、须弥山等诸山王,通为一佛国土。宝地平正,宝交露幔,遍覆其上,悬诸幡盖,烧大宝香,诸天宝华,遍布其地。尔时,东方释迦牟尼佛所分之身,百千万亿那由他恒河沙等国土中诸佛,各各说法,来集于此,如是次第,十方诸佛皆悉来集,坐于八方;尔时一一方,四百万亿那由他国土诸佛如来,遍满其中。是时,诸佛各在宝树下坐师子座,皆遣侍者问讯释迦牟尼佛,各赍宝华满掬,而告之言:善男子!汝往诣耆阇崛山释迦牟尼佛所,如我辞曰:少病少恼,气力安乐,及菩萨声闻众悉安稳不?以此宝华散佛供养,而作是言:彼某甲佛,与欲开此宝塔。诸佛遣使,亦复如是。尔时,释迦牟尼佛见所分身佛悉已来集,各各坐于师子之座,皆闻诸佛与欲同开宝塔,即从座起,住虚空中。一切四众,起立合掌,一心观佛。于是释迦牟尼佛,以右指开七宝塔户,出大音声,如却关钥,开大城门。即时,一切众会皆见多宝如来于宝塔中,坐师子座,全身不散,如入禅定。又闻其言:善哉!善哉!释迦牟尼佛!快说是法华经,我为听是经故,而来至此。尔时,四众等,见过去无量千万亿劫灭度佛说如是言,叹未曾有,以天宝华聚,散多宝佛及释迦牟尼佛上。尔时,多宝佛于宝塔中,分半座与释迦牟尼佛,而作是言:释迦牟尼佛!可就此座。即时,释迦牟尼佛入其塔中,坐其半座,结跏趺坐。尔时,大众见二如来在七宝塔中,师子座上结跏趺坐,各作是念:佛坐高远,惟愿如来以神通力,令我等辈俱处虚空。即时,释迦牟尼佛以神通力,接诸大众皆在虚空。以大音声普告四众:谁能于此娑婆国土,广说妙法华经,今正是时。如来不久当入涅槃,佛欲以此妙法华经付嘱有在。尔时,世尊欲重宣此义,而说偈言:

圣主世尊	虽久灭度	在宝塔中	尚为法来
诸人云何	不勤为法	此佛灭度	无央数劫
处处听法	以难遇故	彼佛本愿	我灭度后

在在所往
又我分身
及见灭度
天人龙神
为坐诸佛
诸佛各各
其宝树下
如夜闇中
众生蒙熏
以是方便
告诸大众
今于佛前
其多宝佛
多宝如来
诸佛子等
其有能护
此多宝佛
亦复供养
若说此经
诸善男子
诸余经典
若接须弥
若以足指
若立有顶
若佛灭后
假使有人
于我灭后
若以大地
佛灭度后
假使劫烧
我灭度后
若持八万

常为听法
无量诸佛
多宝如来
诸供养事
以神通力
诣宝树下
诸师子座
然大炬火
喜不自胜
令法久住
我灭度后
自说誓言
虽久灭度
及与我身
谁能护法
此经法者
处于宝塔
诸来化佛
则为见我
各谛思惟
数如恒沙
掷置他方
动大千界
为众演说
于恶世中
手把虚空
若自书持
置足甲上
于恶世中
担负乾草
若持此经
四千法藏

如恒沙等
各舍妙土
令法久住
移无量众
如清净池
佛坐其上
身出妙香
譬如大风
令法久住
谁能护持
以大誓愿
所集化佛
当发大愿
则为供养
常游十方
庄严光饰
多宝如来
此为难事
虽说此等
无数佛土
远掷他国
无量余经
能说此经
而以游行
若使人书
升于梵天
暂读此经
入中不烧
为一人说
十二部经

来欲听法
及弟子众
故来至此
令国清净
莲华庄严
光明严饰
遍十方国
吹小树枝

读说斯经

而师子吼
当知此意
令得久住
我及多宝
为是经故
诸世界者
及诸化佛
宜发大愿
未足为难
亦未为难
亦未为难
亦未为难
是则为难
亦未为难
是则为难
亦未为难
是则为难
亦未为难
是则为难
为人演说

令诸听者　得六神通　虽能如是　亦未为难
于我灭后　听受此经　问其义趣　是则为难
若人说法　令千万亿　无量无数　恒沙众生
得阿罗汉　具六神通　虽有是益　亦未为难
于我灭后　若能奉持　如斯经典　是则为难
我为佛道　于无量土　从始至今　广说诸经
而于其中　此经第一　若有能持　则持佛身
诸善男子　于我灭后　谁能受持　读诵此经
今于佛前　自说誓言
此经难持　若暂持者　我则欢喜　诸佛亦然
如是之人　诸佛所叹
是则勇猛　是则精进　是名持戒　行头陀者
则为疾得　无上佛道　能于来世　读持此经
是真佛子　住淳善地　佛灭度后　能解其义
是诸天人　世间之眼　于恐畏世　能须臾说
一切天人　皆应供养

提婆达多品第十二

尔时，佛告诸菩萨及天人四众，吾于过去无量劫中，求法华经，无有懈倦；于多劫中，常作国王，发愿求于无上菩提，心不退转。为欲满足六波罗蜜，勤行布施，心无吝惜，象马七珍、国城妻子、奴婢仆从、头目髓脑、身肉手足，不惜躯命。时世人民，寿命无量，为于法故，捐舍国位，委政太子，击鼓宣令，四方求法，谁能为我说大乘者，吾当终身供给走使。时有仙人来白王言：我有大乘，名妙法华经，若不违我，当为宣说。王闻仙言，欢喜踊跃，即随仙人供给所须，采果汲水，拾薪设食，乃至以身而为床座，身心无倦。于时奉事，经于千岁，为于法故，精勤给侍，令无所乏。尔时，世尊欲重宣此义，而说偈言：

我念过去劫	为求大法故	虽作世国王	不贪五欲乐
椎钟告四方	谁有大法者	若为我解说	身当为奴仆
时有阿私仙	来白于大王	我有微妙法	世间所希有
若能修行者	吾当为汝说		
时王闻仙言	心生大喜悦	即便随仙人	供给于所须
采薪及果蓏	随时恭敬与	情存妙法故	身心无懈倦
普为诸众生	勤求于大法	亦不为己身	及以五欲乐
故为大国王	勤求获此法	遂致得成佛	今故为汝说

佛告诸比丘：尔时王者，则我身是；时仙人者，今提婆达多是。由提婆达多善知识故，令我具足六波罗蜜，慈悲喜舍，三十二相，八十种好，紫磨金色，十力、四无所畏、四摄法、十八不共神通道力，成等正觉，广度众生，皆因提婆达多善知识故。告诸四众，提婆达多却后过无量劫，当得成佛，号曰天王如来、应供、正遍知、明行足、善逝、世间解、无上士、调御丈夫、天人师、佛、世尊，世界名

天道。时天王佛住世二十中劫，广为众生说于妙法，恒河沙众生得阿罗汉果，无量众生发缘觉心，恒河沙众生发无上道心，得无生忍，至不退转。时天王佛般涅槃后，正法住世二十中劫。全身舍利起七宝塔，高六十由旬，纵广四十由旬，诸天人民，悉以杂华、末香、烧香、涂香、衣服、璎珞、幢幡、宝盖、伎乐歌颂，礼拜供养七宝妙塔。无量众生得阿罗汉果，无量众生悟辟支佛，不可思议众生发菩提心，至不退转。佛告诸比丘：未来世中，若有善男子、善女人，闻妙法华经提婆达多品，净心信敬，不生疑惑者，不堕地狱、饿鬼、畜生，生十方佛前，所生之处，常闻此经；若生人天中，受胜妙乐，若在佛前，莲华化生。于时下方多宝世尊所从菩萨，名曰智积，白多宝佛：当还本土。释迦牟尼佛告智积曰：善男子！且待须臾；此有菩萨名文殊师利，可与相见，论说妙法，可还本土。尔时，文殊师利坐千叶莲华，大如车轮，俱来菩萨亦坐宝莲华，从于大海娑竭罗龙宫自然涌出，住虚空中，诣灵鹫山，从莲华下，至于佛所，头面敬礼二世尊足。修敬已毕，往智积所，共相慰问，却坐一面。智积菩萨问文殊师利：仁往龙宫，所化众生，其数几何？文殊师利言：其数无量，不可称计，非口所宣，非心所测，且待须臾，自当证知。所言未竟，无数菩萨坐宝莲华从海涌出，诣灵鹫山，住在虚空；此诸菩萨，皆是文殊师利之所化度，具菩萨行，皆共论说六波罗蜜。本声闻人，在虚空中说声闻行，今皆修行大乘空义。文殊师利谓智积曰：于海教化，其事如是。尔时，智积菩萨以偈赞曰：

大智德勇健　化度无量众　今此诸大会　及我皆已见
演畅实相义　开阐一乘法　广导诸众生　令速成菩提

文殊师利言：我于海中，唯常宣说妙法华经。智积问文殊师利言：此经甚深微妙，诸经中宝，世所稀有，颇有众生勤加精进，修行此经，速得佛不？文殊师利言：有娑竭罗龙王女，年始八岁，智慧利根，善知众生诸根行业，得陀罗尼，诸佛所说甚深秘藏，悉能受持。深入禅定，了达诸法，于刹那顷，发菩提心，得不退转，辩才无碍；慈念众生，犹如赤子，功德具足，心念口演，微妙广大，慈悲仁让，志意和雅，能至菩提。 智积菩萨言：我见释迦如来，于无量劫难行苦行，积功累德，求菩提道，未曾止息；观三千大千世界，乃至无有如芥子许，非是菩萨舍身命处，为众生故，然后乃得成菩提道。不信此女于须臾顷，便成正觉。言论未讫，时龙王女忽现于前，头面礼敬，却住一面，以偈赞曰：

深达罪福相　　遍照于十方　　微妙净法身　　具相三十二
以八十种好　　用庄严法身　　天人所戴仰　　龙神咸恭敬
一切众生类　　无不宗奉者　　又闻成菩提　　唯佛当证知
我阐大乘教　　度脱苦众生

时舍利弗语龙女言：汝谓不久得无上道，是事难信。所以者何？女身垢秽，非是法器，云何能得无上菩提？佛道悬旷，经无量劫，勤苦积行，具修诸度，然后乃成；又女人身，犹有五障，一者不得做梵天王，二者帝释，三者魔王，四者转轮圣王，五者佛身，云何女身速得成佛？尔时，龙女有一宝珠，价直三千大千世界，持以上佛，佛即受之。龙女谓智积菩萨、尊者舍利弗言：我献宝珠，世尊纳受，是事疾不？答言：甚疾。女言：以汝神力，观我成佛，复速于此。当时众会，皆见龙女，忽然之间，变成男子，具菩萨行，即往南方无垢世界，坐宝莲华，成等正觉，三十二相，八十种好，普为十方一切众生演说妙法。时娑婆世界，菩萨、声闻、天龙八部、人与非人，皆遥见彼龙女成佛，普为时会人天说法，心大欢喜，悉遥敬礼。无量众生闻法解悟，得不退转；无量众生得受道记。无垢世界，六反震动，娑婆世界，三千众生住不退地，三千众生发菩提心，而得受记。智积菩萨及舍利弗，一切众会，默然信受。

劝持品第十三

尔时，药王菩萨摩诃萨，及大乐说菩萨摩诃萨，与二万菩萨眷属俱，皆于佛前作是誓言：惟愿世尊不以为虑，我等于佛灭后，当奉持读诵，说此经典；后恶世众生，善根转少，多增上慢，贪利供养，增不善根，远离解脱，虽难可教化，我等当起大忍力，读诵此经，持说书写，种种供养，不惜身命。尔时，众中五百阿罗汉得受记者，白佛言：世尊！我等亦自誓愿，于异国土广说此经。复有学无学八千人得受记者，从座而起，合掌向佛，作是誓言：世尊！我等亦当于他国土广说此经，所以者何？是娑婆国中，人多弊恶，怀增上慢，功德浅薄，瞋浊谄曲，心不实故。尔时，佛姨母摩诃波阇波提比丘尼，与学无学比丘尼六千人俱，从座而起，一心合掌，瞻仰尊颜，目不暂舍。于时，世尊告憍昙弥：何故忧色而视如来，汝心将无谓我不说汝名，授阿耨多罗三藐三菩提记耶？憍昙弥！我先总说一切声闻皆已授记，今汝欲知记者，将来之世，当于六万八千亿诸佛法中，为大法师，及六千学无学比丘尼俱为法师。汝如是渐渐具菩萨道，当得作佛，号一切众生喜见如来、应供、正遍知、明行足、善逝、世间解、无上士、调御丈夫、天人师、佛、世尊。憍昙弥！是一切众生喜见佛，及六千菩萨，转次授记，得阿耨多罗三藐三菩提。尔时，罗睺罗母耶输陀罗比丘尼，作是念：世尊于授记中，独不说我名。佛告诉耶输陀罗：汝于来世，百千万亿诸佛法中，修菩萨行，为大法师，渐具佛道；于善国中，当得作佛，号具足千万光相如来、应供、正遍知、明行足、善逝、世间解、无上士、调御丈夫、天人师、佛、世尊，佛寿无量阿僧祇劫。尔时，摩诃波阇波提比丘尼，及耶输陀罗比丘尼，并其眷属，皆大欢喜，得未曾有，即于佛前而说偈言：

世尊导师　安隐天人　我等闻记　心安具足

诸比丘尼说是偈已，白佛言：世尊！我等亦能于他方国，广宣此经。尔时，世尊视八十万亿那由他诸菩萨摩诃萨；是诸菩萨皆是阿惟越致，转不退法轮，得诸陀罗尼。即从座起，至于佛前，一心合掌，而作是念：若世尊告敕我等，持说此经者，当如佛教，广宣斯法。复作是念：佛今默然，不见告敕，我当云何？时诸菩萨敬顺佛意，并欲自满本愿，便于佛前作师子吼，而发誓言：世尊！我等于如来灭后，周旋往返十方世界，能令众生书写此经，受持读诵，解说其义，如法修行，正忆念，皆是佛之威力；惟愿世尊，在于他方，遥见守护。即时，诸菩萨俱同发声，而说偈言：

惟愿不为虑　于佛灭度后　恐怖恶世中　我等当广说
有诸无智人　恶口骂詈等　及加刀杖者　我等皆当忍
恶世中比丘　邪智心谄曲　未得谓为得　我慢心充满
或有阿练若　纳衣在空闲　自谓行真道　轻贱人间者
贪着利养故　与白衣说法　为世所恭敬　如六通罗汉
是人怀恶心　常念世俗事　假名阿练若　
好出我等过　而做如是言　此诸比丘等　为贪利养故
说外道论义　自作此经典　诳惑世间人　为求名闻故
分别于是经　常在大众中　欲毁我等故　向国王大臣
婆罗门居士　及余比丘众　诽谤说我恶　谓是邪见人
说外道论议　我等敬佛故　悉忍是诸恶　为斯所轻言
汝等皆是佛　如此轻慢言　皆当忍受之
浊劫恶世中　多有诸恐怖　恶鬼入其身　骂詈毁辱我
我等敬信佛　当着忍辱铠　为说是经故　忍此诸难事
我不爱身命　但惜无上道　我等于来世　护持佛所嘱
世尊自当知　浊世恶比丘　不知佛方便　随宜所说法
恶口而颦蹙　数数见摈出　远离于塔寺　如是等众恶
念佛告敕故　皆当忍是事
诸聚落城邑　其有求法者　我皆到其所　说佛所嘱法

我是世尊使　处众无所畏　我当善说法　愿佛安隐住
我于世尊前　诸来十方佛　发如是誓言　佛自知我心

卷第五

安乐行品第十四

尔时，文殊师利法王子菩萨摩诃萨白佛言：世尊！是诸菩萨，甚为难有，敬顺佛故，发大誓愿，于后恶世，护持读说是法华经。世尊！菩萨摩诃萨，于后恶世，云何能说是经？佛告文殊师利：若菩萨摩诃萨，于后恶世，欲说是经，当安住四法。一者，安住菩萨行处及亲近处，能为众生演说是经。文殊师利！云何名菩萨摩诃萨行处？若菩萨摩诃萨住忍辱地，柔和善顺，而不卒暴，心亦不惊；又复于法无所行，而观诸法如实相，亦不行，不分别，是名菩萨摩诃萨行处。云何名菩萨摩诃萨亲近处？菩萨摩诃萨不亲近国王、王子、大臣、官长。不亲近诸外道梵志、尼犍子等，及造世俗文笔赞咏外书，及路伽耶陀、逆路伽耶陀者。亦不亲近诸有凶戏、相扠相扑，及那罗等种种变现之戏。又不亲近旃陀罗，及畜猪羊鸡狗，畋猎渔捕，诸恶律仪。如是人等或时来者，则为说法，无所希望。又不亲近求声闻比丘、比丘尼、优婆塞、优婆夷，亦不问讯。若于房中，若经行处，若在讲堂中，不共住止。或时来者，随宜说法，无所希求。文殊师利！又菩萨摩诃萨，不应于女人身，取能生欲想相而为说法，亦不乐见。若入他家，不与小女、处女、寡女等共语。 亦复不近五种不男之人，以为亲厚。不独入他家，若有因缘须独入时，但一心念佛。若为女人说法，不露齿笑，不现胸臆，乃至为法，犹不亲厚，况复余事。不乐畜年少弟子、沙弥小儿，亦不乐与同师。常好坐禅,在于闲处,修摄其心。文殊师利,是名初亲近处。复次,菩萨摩诃萨观一切法空,如实相,不颠倒,不动、不退、不转,如虚空,无所有性。一切语言道断,不生、不出、不起,无名、无相,实无所有,无量、无边,无碍、无障,但以因缘有,从颠倒生。故说:常乐观如是法相,是名菩萨摩诃萨第二亲近处。尔时,世尊欲重宣此义,而说偈言:

若有菩萨	于后恶世	无布畏心	欲说是经
应入行处	及亲近处		
常离国王	及国王子	大臣官长	凶险戏者
及旃陀罗	外道梵志		
亦不亲近	增上慢人	贪着小乘	三藏学者
破戒比丘	名字罗汉	及比丘尼	好戏笑者
深着五欲	求现灭度	诸优婆夷	皆勿亲近
若是人等	以好心来	到菩萨所	为闻佛道
菩萨则以	无所畏心	不怀希望	而为说法
寡女处女	及诸不男	皆勿亲近	以为亲厚
亦莫亲近	屠儿魁脍	畋猎渔捕	为利杀害
贩肉自活	炫卖女色	如是之人	皆勿亲近
凶险相扑	种种嬉戏	诸淫女等	尽勿亲近
莫独屏处	为女说法	若说法时	无得戏笑
入里乞食	将一比丘	若无比丘	一心念佛
是则名为	行处近处	以此二处	能安乐说
又复不行	上中下法	有为无为	实不实法
亦不分别	是男是女	不得诸法	不知不见
是则名为	菩萨行处	一切诸法	空无所有
无有常住	亦无起灭	是名智者	所亲近处
颠倒分别	诸法有无	是实非实	是生非生
在于闲处	修摄其心	安住不动	如须弥山
观一切法	皆无所有	犹如虚空	无有坚固
不生不出	不动不退	常住一相	是名近处

若有比丘　于我灭后　入是行处　及亲近处
说斯经时　无有怯弱　菩萨有时　入于静室
以正忆念　随义观法　从禅定起　为诸国王
王子臣民　婆罗门等　开化演畅　说斯经典
其心安隐　无有怯弱　文殊师利　是名菩萨
安住初法　能于后世　说法华经

又文殊师利，如来灭后，于末法中，欲说是经，应住安乐行。若口宣说，若读经时，不乐说人及经典过。亦不轻慢诸余法师，不说他人好恶长短。于声闻人，亦不称名说其过恶，亦不称名赞叹其美，又亦不生怨嫌之心。善修如是安乐心故，诸有听者，不逆其意，有所难问，不以小乘法答，但以大乘而为解说，令得一切种智。尔时，世尊欲重宣此义，而说偈言：

菩萨常乐　安隐说法　于清净地　而施床座
以油涂身　澡浴尘秽　着新净衣　内外俱净
安处法座　随问为说
若有比丘　及比丘尼　诸优婆塞　及优婆夷
国王王子　群臣士民　以微妙义　和颜为说
若有难问　随义而答　因缘譬喻　敷演分别
以是方便　皆使发心　渐渐增益　入于佛道
除懒惰意　及懈怠想　离诸忧恼　慈心说法
昼夜常说　无上道教　以诸因缘　无量譬喻
开示众生　咸令欢喜　衣服卧具　饮食医药
而于其中　无所希望　但一心念　说法因缘
愿成佛道　令众亦尔　是则大利　安乐供养
我灭度后　若有比丘　能演说斯　妙法华经
心无嫉恚　诸恼障碍　亦无忧愁　及骂詈者
又无怖畏　加刀杖等　亦无摈出　安住忍故
智者如是　善修其心　能住安乐　如我上说
其人功德　千万亿劫　算数譬喻　说不能尽

又文殊师利！菩萨摩诃萨，于后末世，法欲灭时，受持读诵斯经典者，无怀嫉妒谄诳之心，亦勿轻骂学佛道者，求其长短。若比丘、比丘尼、优婆塞、优婆夷，求声闻者、求辟支佛者、求菩萨道者，无得恼之，令其疑悔，语其人言：汝等去道甚远，终不能得一切种智。所以者何？汝是放逸之人，于道懈怠故。又亦不应戏论诸法，有所诤竞。当于一切众生，起大悲想；于诸如来，起慈父想；于诸菩萨，起大师想；于十方诸大菩萨，常应深心恭敬礼拜。于一切众生，平等说法，以顺法故，不多不少，乃至深爱法者，亦不为多说。文殊师利！是菩萨摩诃萨，于后末世，法欲灭时，有成就是第三安乐行者。说是法时，无能恼乱；得好同学，共读诵是经，亦得大众而来听受，听已能持，持已能诵，诵已能说，说已能书，若使人书，供养经卷，恭敬、尊重、赞叹。尔时，世尊欲重宣此义，而说偈言：

若欲说是经	当舍嫉恚慢	谄诳邪伪心	常修质直行
不轻蔑于人	亦不戏论法	不令他疑悔	云汝不得佛
是佛子说法	常柔和能忍	慈悲于一切	不生懈怠心
十方大菩萨	愍众故行道	应生恭敬心	是则我大师
于诸佛世尊	生无上父想	破于憍慢心	说法无障碍
第三法如是	智者应守护	一心安乐行	无量众所敬

又文殊师利！菩萨摩诃萨，于后末世，法欲灭时，有持是法华经者，于在家出家人中，生大慈心，于非菩萨人中，生大悲心，应作是念：如是之人，则为大失。如来方便，随宜说法，不闻、不知、不觉、不问、不信、不解。其人虽不问、不信、不解是经，我得阿耨多罗三藐三菩提时，随在何地，以神通力、智慧力引之，令得住是法中。文殊师利！是菩萨摩诃萨，于如来灭后，有成就此第四法者，说是法时，无有过失，常为比丘、比丘尼、优婆夷、国王、王子、大臣、人民、婆罗门、居士等，供养恭

敬，尊重赞叹。虚空诸天，为听法故，亦常随侍。若在聚落、城邑、空闲林中，有人来欲难问者，诸天昼夜，常为法故，而卫护之，能令听者皆得欢喜。所以者何？此经是一切过去、未来、现在诸佛，神力所护故。文殊师利！是法华经于无量国中，乃至名字不可得闻，何况得见、受持、读诵。文殊师利！譬如强力转轮圣王，欲以威势降伏诸国，而诸小王不顺其命，时转轮王起种种兵而往讨伐。王见兵众战有功者，即大欢喜，随功赏赐，或与田宅、聚落、城邑，或与衣服、严身之具，或与种种珍宝、金、银、琉璃、砗磲、玛瑙、珊瑚、琥珀、象、马、车乘、奴婢、人民。唯髻中明珠不以与之。所以者何？独王顶上有此一珠，若以与之，王诸眷属，必大惊怪。文殊师利！如来亦复如是，以禅定智慧力，得法国土，王于三界，而诸魔王不肯顺伏。如来贤圣诸将与之共战，其有功者，心亦欢喜，于四众中，为说诸经，令其心悦，赐以禅定、解脱、无漏根力、诸法之财，又复赐与涅槃之城，言得灭度，引导其心，令皆欢喜，而不为说是法华经。文殊师利！如转轮王，见诸兵众有大功者，心甚欢喜，以此难信之珠，久在髻中，不妄与人，而今与之。如来亦复如是，于三界中，为大法王，以法教化一切众生，见贤圣军与五阴魔、烦恼魔、死魔共战，有大功勋，灭三毒，出三界，破魔网。尔时，如来亦大欢喜，此法华经，能令众生至一切智，一切世间多怨难信，先所未说，而今说之。文殊师利！此法华经，是诸如来第一之说，于诸说中，最为甚深；末后赐与，如彼强力之王，久护明珠，今乃与之。文殊师利！此法华经，诸佛如来秘密之藏，于诸经中，最在其上，长夜守护，不妄宣说，始于今日乃与汝等而敷演之。尔时，世尊欲重宣此义，而说偈言：

常行忍辱	哀愍一切	乃能演说	佛所赞经
后末世时	持此经者	于家出家	及非菩萨
应生慈悲	斯等不闻	不信是经	则为大失

我得佛道　以诸方便　为说此法　令住其中
譬如强力　转轮之王　兵战有功　赏赐诸物
象马车乘　严身之具　及诸田宅　聚落城邑
或与衣服　种种珍宝　奴婢财物　欢喜赐与
如有勇健　能为难事　王解髻中　明珠赐之
如来亦尔　为诸法王　忍辱大力　智慧宝藏
以大慈悲　如法化世　见一切人　受诸苦恼
欲求解脱　与诸魔战　为是众生　说种种法
以大方便　说此诸经
既知众生　得其力已　末后乃为　说是法华
如王解髻　明珠与之　此经为尊　众经中上
我常守护　不妄开示　今正是时　为汝等说
我灭度后　求佛道者　欲得安隐　演说斯经
应当亲近　如是四法
读是经者　常无忧恼
又无病痛　颜色鲜白　不生贫穷　卑贱丑陋
众生乐见　如慕贤圣　天诸童子　以为给使
刀杖不加　毒不能害　若人恶骂　口则闭塞
游行无畏　如师子王　智慧光明　如日之照
若于梦中　但见妙事　见诸如来　坐师子座
诸比丘众　围绕说法　又见龙神　阿修罗等
数如恒沙　恭敬合掌　自见其身　而为说法
又见诸佛　身相金色　放无量光　照于一切
以梵音声　演说诸法　佛为四众　说无上法
见身处中　合掌赞佛　闻法欢喜　而为供养
得陀罗尼　证不退智　佛知其心　深入佛道
即为授记　成最正觉　汝善男子　当于来世
得无量智　佛之大道　国土严净　广大无比
亦有四众　合掌听法
又见自身　在山林中　修习善法　证诸实相
深入禅定　见十方佛
诸佛身金色　百福相庄严　闻法为人说　常有是好梦

又梦作国王　舍宫殿眷属　及上妙五欲　行诣于道场
在菩提树下　而处师子座　求道过七日　得诸佛之智
成无上道已　起而转法轮　为四众说法　经千万亿劫
说无漏妙法　度无量众生　后当入涅槃　如烟尽灯灭
若后恶世中　说是第一法　是人得大利　如上诸功德

从地涌出品第十五

尔时,他方国土诸来菩萨摩诃萨,过八恒河沙数,于大众中起,合掌作礼,而白佛言:世尊!若听我等,于佛灭后,在此娑婆世界,勤加精进,护持读诵、书写、供养是经典者,当于此土而广说之。尔时,佛告诸菩萨摩诃萨众:止!善男子!不须汝等护持此经。所以者何?我娑婆世界,自有六万恒河沙等菩萨摩诃萨,一一菩萨,各有六万恒河沙眷属,是诸人等,能于我灭后,护持读诵广说此经。佛说是时,娑婆世界三千大千国土,地皆震裂,而于其中,有无量千万亿菩萨摩诃萨同时涌出。是诸菩萨,身皆金色,三十二相,无量光明,先尽在此娑婆世界之下,此界虚空中住。是诸菩萨,闻释迦牟尼佛所说音声,从下发来。一一菩萨,皆是大众唱导之首,各将六万恒河沙眷属,况将五万、四万、三万、二万、一万恒河沙等眷属者;况复乃至一恒河沙、半恒河沙、四分之一,乃至千万亿那由他分之一;况复千万亿那由他眷属;况复亿万眷属;况复千万、百万,乃至一万;况复一千、一百,乃至一十;况复将五、四、三、二、一弟子者;况复单己,乐远离行;如是等比,无量无边,算数譬喻所不能知。是诸菩萨从地出已,各诣虚空七宝妙塔多宝如来、释迦牟尼佛所;到已,向二世尊头面礼足。及至诸宝树下师子座上佛所,亦皆作礼,右绕三匝,合掌恭敬,以诸菩萨种种赞法而以赞叹,住在一面,欣乐瞻仰于二世尊。是诸菩萨摩诃萨,从初涌出,以诸菩萨种种赞法而赞于佛,如是时间,经五十小劫。是时,释迦牟尼佛默然而坐,及诸四众,亦皆默然,五十小劫,佛神力故,令诸大众谓如半日。尔时,四众亦以佛神力故,见诸菩萨,遍满无量百千万亿国土虚空。是菩萨众中,有四导师,一名上行,二名无边行,三名净行,四名安立行。是四菩萨,于其众中,最为上首、唱导之师;在大众前,各共合掌，观释迦牟尼佛，而问讯言：世尊！少病少恼，安乐行不？所应度者，受教易不？不令世尊生疲劳耶？尔时，四大菩萨而说偈言：

世尊安乐　少病少恼　教化众生　得无疲倦
又诸众生　受化易不　不令世尊　生疲劳耶

尔时，世尊于菩萨大众中，而作是言：如是！如是！诸善男子！如来安乐，少病少恼。诸众生等，易可化度，无有疲劳。所以者何？是诸众生，世世已来，常受我化，亦于过去诸佛恭敬尊重，种诸善根。此诸众生，始见我身，闻我所说，即皆信受，入如来慧。除先修习学小乘者，如是之人，我今亦令得闻是经，入于佛慧。尔时，诸大菩萨而说偈言：

善哉善哉　大雄世尊　诸众生等　易可化度
能问诸佛　甚深智慧　闻已信行　我等随喜

于时，世尊赞叹上首诸大菩萨：善哉！善哉！善男子！汝等能于如来发随喜心。尔时，弥勒菩萨及八千恒河沙诸菩萨众，皆作是念：我等从昔已来，不见不闻如是大菩萨摩诃萨众，从地涌出，住世尊前，合掌供养，问讯如来。时弥勒菩萨摩诃萨，知八千恒河沙诸菩萨等心之所念，并欲自决所疑，合掌向佛，以偈问曰：

无量千万亿　大众诸菩萨　昔所未曾见　愿两足尊说
是从何所来　以何因缘集　巨身大神通　智慧叵思议
其志念坚固　有大忍辱力　众生所乐见　为从何所来
一一诸菩萨　所将诸眷属　其数无有量　如恒河沙等
或有大菩萨　将六万恒沙　如是诸大众　一心求佛道
是诸大师等　六万恒河沙　俱来供养佛　及护持是经
将五万恒沙　其数过于是　四万及三万　二万至一万

一千一百等	乃至一恒沙	半及三四分	亿万分之一
千万那由他	万亿诸弟子	乃至于半亿	其数复过上
百万至一万	一千及一百	五十与一十	乃至三二一
单己无眷属	乐于独处者	俱来至佛所	其数转过上
如是诸大众	若人行筹数	过于恒沙劫	犹不能尽知
是诸大威德	精进菩萨众	谁为其说法	教化而成就
从谁初发心	称扬何佛法	受持行谁经	修习何佛道
如是诸菩萨	神通大智力	四方地震裂	皆从中涌出
世尊我昔来	未曾见是事	愿说其所从	国土之名号
我常游诸国	未曾见是众	我于此众中	乃不识一人
忽然从地出	愿说其因缘		
今此之大会	无量百千亿	是诸菩萨等	皆欲知此事
是诸菩萨众	本末之因缘	无量德世尊	惟愿决众疑

尔时,释迦牟尼分身诸佛,从无量千万亿他方国土来者,在于八方诸宝树下,师子座上,结跏趺坐。其佛侍者,各各见是菩萨大众,于三千大千世界四方,从地涌出,住于虚空,各白其佛言:世尊!此诸无量无边阿僧祇菩萨大众,从何所来?尔时,诸佛各告侍者:诸善男子!且待须臾,有菩萨摩诃萨,名曰弥勒,释迦牟尼佛之所授记,次后作佛,已问斯事,佛今答之,汝等自当因是得闻。尔时,释迦牟尼佛告弥勒菩萨:善哉!善哉!阿逸多!乃能问佛如是大事。汝等当共一心,被精进铠,发坚固意,如来今欲显发宣示诸佛智慧,诸佛自在神通之力,诸佛师子奋迅之力,诸佛威猛大势之力。尔时,世尊欲重宣此义,而说偈言:

当精进一心	我欲说此事	勿得有疑悔	佛智叵思议
汝今出信力	住于忍善中	昔所未闻法	今皆当得闻
我今安慰汝	勿得怀疑惧	佛无不实语	智慧不可量
所得第一法	甚深叵分别	如是今当说	汝等一心听

尔时，世尊说此偈已，告弥勒菩萨：我今于此大众，宣告汝等。阿逸多！是诸大菩萨摩诃萨无量无数阿僧祇，从地涌出，汝等昔所未见者；我于是娑婆世界，得阿耨多罗三藐三菩提已，教化示导是诸菩萨，调伏其心，令发道意。此诸菩萨，皆于是娑婆世界下，此界虚空中住；于诸经典，读诵通利，思惟分别，正忆念。阿逸多！是诸善男子等，不乐在众，多有所说，常乐静处，勤行精进，未曾休息；亦不依止人天而住。常乐深智，无有障碍，亦常乐于诸佛之法，一心精进，求无上慧。尔时，世尊欲重宣此义，而说偈言：

阿逸汝当知　是诸大菩萨　从无数劫来　修习佛智慧
悉是我所化　令发大道心　此等是我子
依止是世界　常行头陀事　志乐于静处　舍大众愦闹
不乐多所说　如是诸子等　学习我道法　昼夜常精进
为求佛道故　在娑婆世界　下方空中住　志念力坚固
常勤求智慧　说种种妙法　其心无所畏
我于伽耶城　菩提树下坐　得成最正觉　转无上法轮
尔乃教化之　令初发道心　今皆住不退　悉当得成佛
我今说实语　汝等一心信　我从久远来　教化是等众

尔时，弥勒菩萨摩诃萨，及无数诸菩萨等，心生疑惑，怪未曾有，而作是念：云何世尊于少时间，教化如是无量无边阿僧祇诸大菩萨，令住阿耨多罗三藐三菩提？即白佛言：世尊！如来为太子时，出于释宫，去伽耶城不远，坐于道场，得成阿耨多罗三藐三菩提；从是已来，始过四十余年。世尊！云何于此少时大作佛事，以佛势力，以佛功德，教化如是无量大菩萨众，当成阿耨多罗三藐三菩提？世尊！此大菩萨众，假使有人，于千万亿劫，数不能尽，不得其边；斯等久远已来，于无量无边诸佛所，植诸善根，成就菩萨道，常修梵行。世尊！如此之事，世所难信。譬如有人，色美发黑，年二十五，指百岁人，言是我子；其百岁人，亦指年少，言是我父，生育我等，是事难信。佛亦如是，得道已来，其实未久；而此大众诸菩萨等，已于无量千万亿劫，为佛道故，勤行精进，善入出住无量百千万亿三昧，得大神通，久修梵行，善能次第习诸善法，巧于问答。人中之宝，一切世间甚为希有。今日世尊方云，得佛道时，初令发心，教化示导，令向阿耨多罗三藐三菩提。世尊得佛未久，乃能作此大功德事？我等虽复信佛随宜所说，佛所出言，未曾虚妄，佛所知者，皆悉通达；然诸新发意菩萨，于佛灭后，若闻是语，或不信受而起破法罪业因缘。唯然，世尊！愿为解说，除我等疑，及未来世诸善男子，闻此事已，亦不生疑。尔时，弥勒菩萨欲重宣此义，而说偈言：

佛昔从释种　　出家近伽耶　　坐于菩提树　　尔来尚未久
此诸佛子等　　其数不可量　　久已行佛道　　住于神通力
善学菩萨道　　不染世间法　　如莲华在水　　从地而涌出
皆起恭敬心　　住于世尊前　　是事难思议　　云何而可信
佛得道甚近　　所成就甚多　　愿为除众疑　　如实分别说
譬如少壮人　　年始二十五　　示人百岁子　　发白而面皱
是等我所生　　子亦说是父　　父少而子老　　举世所不信
世尊亦如是　　得道来甚近　　是诸菩萨等　　志固无怯弱
从无量劫来　　而行菩萨道　　巧于难问答　　其心无所畏
忍辱心决定　　端正有威德　　十方佛所赞　　善能分别说
不乐在人众　　常好在禅定　　为求佛道故　　于下空中住
我等从佛闻　　于此事无疑　　愿佛为未来　　演说令开解
若有于此经　　生疑不信者　　即当堕恶道　　愿今为解说
是无量菩萨　　云何于少时　　教化令发心　　而住不退地

如来寿量品第十六

尔时，佛告诸菩萨及一切大众：诸善男子！汝等当信解如来诚谛之语。复告大众：汝等当信解如来诚谛之语。又复告诸大众：汝等当信解如来诚谛之语。是时菩萨大众，弥勒为首，合掌白佛言：世尊！惟愿说之，我等当信受佛语。如是三白已。复言：惟愿说之，我等当信受佛语。尔时，世尊知诸菩萨三请不止，而告之言：汝等谛听。如来秘密神通之力。一切世间天人及阿修罗，皆谓：今释迦牟尼佛出释氏宫，去伽耶城不远，坐于道场，得阿耨多罗三藐三菩提。然善男子！我实成佛已来，无量无边百千万亿那由他劫。譬如五百千万亿那由他阿僧祇三千大千世界，假使有人抹为微尘，过于东方五百千万亿那由他阿僧祇国，乃下一尘；如是东行，尽是微尘。诸善男子，于意云何？是诸世界，可得思惟校计，知其数不？弥勒菩萨等，俱白佛言：世尊！是诸世界，无量无边，非算数所知，亦非心力所及。一切声闻、辟支佛，以无漏智，不能思惟知其限数。我等住阿惟越致地，于是事中，亦所不达。世尊！如是诸世界，无量无边。尔时，佛告大菩萨众：诸善男子！今当分明宣语汝等。是诸世界，若著微尘及不著者，尽以为尘；一尘一劫，我成佛已来，复过于此百千万亿那由他阿僧祇劫。自从是来，我常在此娑婆世界，说法教化；亦于余处百千万亿那由他阿僧祇国，导利众生。诸善男子！于是中间，我说然灯佛等，又复言其入于涅槃，如是皆以方便分别。诸善男子！若有众生来至我所，我以佛眼，观其信等诸根利钝，随所应度，处处自说名字不同、年纪大小，亦复现言当入涅槃。又以种种方便，说微妙法，能令众生发欢喜心。诸善男子！如来见诸众生，乐于小法，德薄垢重者，为是人说：我少出家，得阿耨多罗三藐三菩提。然我实成佛已来，久远若斯；但以方便教化众生，令入佛道，作如是说。诸善男子！如来所演经典，皆为度脱众生，或说己身，或说他身；或示己身，或示他身；或示己事，或示他事；诸所言说，皆实不虚。所以者何？如来如实知见三界之相，无有生死，若退若出，亦无在世及灭度者。非实非虚，非如非异，不如三界见于三界，如斯之事，如来明见，无有错谬。以诸众生有种种性、种种欲、种种行、种种忆想分别故；欲令生诸善根，以若干因缘、譬喻、言辞，种种说法，所作佛事，未曾暂废。如是，我成佛已来，甚大久远，寿命无量阿僧祇劫，常住不灭。诸善男子！我本行菩萨道，所成寿命，今犹未尽，复倍上数。然今非实灭度，而便唱言：当取灭度，如来以是方便，教化众生。所以者何？若佛久住于世，薄德之人，不种善根，贫穷下贱，贪着五欲，入于忆想妄见网中。若见如来常在不灭，便起憍恣，而怀厌怠，不能生难遭之想、恭敬之心。是故如来以方便说。比丘当知！诸佛出世，难可值遇。所以者何？诸薄德人，过无量百千万亿劫，或有见佛，或不见者，以此事故，我作是言：诸比丘！如来难可得见！斯众生等闻如是语，必当生于难遭之想，心怀恋慕，渴仰于佛，便种善根；是故如来虽不实灭，而言灭度。又善男子！诸佛如来，法皆如是，为度众生，皆实不虚。譬如良医，智慧聪达，明练方药，善治众病。其人多诸子息，若十、二十乃至百数，以有事缘，远至余国。诸子于后，饮他毒药，药发闷乱，宛转于地。是时，其父还来归家，诸子饮毒，或失本心，或不失者，遥见其父，皆大欢喜，拜跪问讯，善安隐归，我等愚痴，误服毒药，愿见救疗，更赐寿命。父见子等苦恼如是，依诸经方，求好药草，色香美味，皆悉具足，捣筛和合，与子令服。而作是言：此大良药，色香美味，皆悉具足，汝等可服，速除苦恼，无复众患。其诸子中，不失心者，见此良药，色香俱好，即便服之，病尽除愈。余失心者，见其父来，虽亦欢喜问讯，求索治病，然与其药，而不肯服。所以者何？毒气深入，失本心故，于此好色香药，而谓不美。父作是念：此子可愍，为毒所中，心皆颠倒，虽见我喜，求索救疗，如是好药，而不肯服；我今当设方便，令服此药。即作是言：汝等当知！我今衰老，死时已至，是好良药，今留在此，汝可取服，勿忧不瘥。作是教已，复至他国，遣使还告，汝父已死。是时诸子闻父背丧，心大忧恼。而作是念：若父在者，慈愍我等，能见救护；今者舍我，远丧他国，自惟孤露，无复恃怙。常怀悲感，心遂醒悟，乃知此药色香美味，即取服之，毒病皆愈。其父闻子悉已得瘥，寻便来归，咸使见之。诸善男子！于意云何？颇有人能说此良医虚妄罪不？不也！世尊！佛言：我亦如是！成佛已来，无量无边百千万亿那由他阿僧祇劫，为众生故，以方便力，言当灭度，亦无有能如法说我虚妄过者。尔时，世尊欲重宣此义，而说偈言：

自我得佛来	所经诸劫数	无量百千万	亿载阿僧祇
常说法教化	无数亿众生	令入于佛道	尔来无量劫
为度众生故	方便现涅槃	而实不灭度	常住此说法
我常住于此	以诸神通力	令颠倒众生	虽近而不见
众见我灭度	广供养舍利	咸皆怀恋慕	而生渴仰心
众生既信伏	质直意柔软	一心欲见佛	不自惜身命
时我及众僧	俱出灵鹫山	我时语众生	常在此不灭
以方便力故	现有灭不灭		
余国有众生	恭敬信乐者	我复于彼中	为说无上法
汝等不闻此	但谓我灭度	我见诸众生	没在于苦恼
故不为现身	令其生渴仰	因其心恋慕	乃出为说法
神通力如是	于阿僧祇劫	常在灵鹫山	及余诸住处
众生见劫尽	大火所烧时	我此土安隐	天人常充满
园林诸堂阁	种种宝庄严	宝树多华果	众生所游乐
诸天击天鼓	常作众伎乐	雨曼陀罗华	散佛及大众
我净土不毁	而众见烧尽	忧怖诸苦恼	如是悉充满
是诸罪众生	以恶业因缘	过阿僧祇劫	不闻三宝名
诸有修功德	柔和质直者	则皆见我身	在此而说法

或时为此众　说佛寿无量　久乃见佛者　为说佛难值
我智力如是　慧光照无量　寿命无数劫　久修业所得
汝等有智者　勿于此生疑　当断令永尽　佛语实不虚
如医善方便　为治狂子故　实在而言死　无能说虚妄
我亦为世父　救诸苦患者　为凡夫颠倒　实在而言灭
以常见我故　而生憍恣心　放逸着五欲　堕于恶道中
我常知众生　行道不行道　随所应可度　为说种种法
每自作是意　以何令众生　得入无上慧　速成就佛身

分别功德品第十七

尔时，大会闻佛说寿命劫数长远如是，无量无边阿僧祇众生，得大饶益。于时，世尊告弥勒菩萨摩诃萨：阿逸多！我说是如来寿命长远时，六百八十万亿那由他恒河沙众生，得无生法忍；复有千倍菩萨摩诃萨，得闻持陀罗尼门；复有一世界微尘数菩萨摩诃萨，得乐说无碍辩才；复有一世界微尘数菩萨摩诃萨，得百千万亿无量旋陀罗尼；复有三千大千世界微尘数菩萨摩诃萨，能转不退法轮；复有二千中国土微尘数菩萨摩诃萨，能转清净法轮；复有小千国土微尘数菩萨摩诃萨，八生当得阿耨多罗三藐三菩提；复有四四天下微尘数菩萨摩诃萨，四生当得阿耨多罗三藐三菩提；复有三四天下微尘数菩萨摩诃萨，三生当得阿耨多罗三藐三菩提；复有二四天下微尘数菩萨摩诃萨，二生当得阿耨多罗三藐三菩提；复有一四天下微尘数菩萨摩诃萨，一生当得阿耨多罗三藐三菩提；复有八世界微尘数众生，皆发阿耨多罗三藐三菩提心。佛说是诸菩萨摩诃萨得大法利时，于虚空中，雨曼陀罗华、摩诃曼陀罗华，以散无量百千万亿宝树下，师子座上诸佛，并散七宝塔中，师子座上释迦牟尼佛及久灭度多宝如来，亦散一切诸大菩萨及四部众。又雨细末、栴檀、沉水香等，于虚空中，天鼓自鸣，妙声深远；又雨千种天衣，垂诸璎珞，真珠璎珞、摩尼珠璎珞、如意珠璎珞，遍于九方，众宝香炉，烧无价香，自然周至，供养大会。一一佛上，有诸菩萨，执持幡盖，次第而上，至于梵天。是诸菩萨，以妙音声，歌无量颂，赞叹诸佛。尔时，弥勒菩萨从座而起，偏袒右肩，合掌向佛，而说偈言：

佛说希有法　昔所未曾闻　世尊有大力　寿命不可量
无数诸佛子　闻世尊分别　说得法利者　欢喜充遍身

或住不退地	或得陀罗尼	或无碍乐说	万亿旋总持
或有大千界	微尘数菩萨	各各皆能转	不退之法轮
复有中千界	微尘数菩萨	各各皆能转	清净之法轮
复有小千界	微尘数菩萨	余各八生在	当得成佛道
复有四三二	如此四天下	微尘诸菩萨	随数生成佛
或一四天下	微尘数菩萨	余有一生在	当成一切智
如是等众生	闻佛寿长远	得无量无漏	清净之果报
复有八世界	微尘数众生	闻佛说寿命	皆发无上心
世尊说无量	不可思议法	多有所饶益	如虚空无边
雨天曼陀罗	摩诃曼陀罗	释梵如恒沙	无数佛土来
雨栴檀沉水	缤纷而乱坠	如鸟飞空下	供散于诸佛
天鼓虚空中	自然出妙声	天衣千万种	旋转而来下
众宝妙香炉	烧无价之香	自然悉周遍	供养诸世尊
其大菩萨众	执七宝幡盖	高妙万亿种	次第至梵天
一一诸佛前	宝幢悬胜幡	亦以千万偈	歌咏诸如来
如是种种事	昔所未曾有	闻佛寿无量	一切皆欢喜
佛名闻十方	广饶益众生	一切具善根	以助无上心

尔时，佛告弥勒菩萨摩诃萨：阿逸多！其有众生，闻佛寿命长远如是，乃至能生一念信解，所得功德，无有限量。若有善男子、善女人，为阿耨多罗三藐三菩提故，于八十万亿那由他劫，行五波罗蜜：檀波罗蜜、尸罗波罗蜜、羼提波罗蜜、毗梨耶波罗蜜、禅波罗蜜，除般若波罗蜜，以是功德比前功德，百分、千分、百千万亿分不及其一，乃至算数譬喻所不能知。若善男子、善女人，有如是功德，于阿耨多罗三藐三菩提退者，无有是处。尔时，世尊欲重宣此义，而说偈言：

若人求佛慧	于八十万亿	那由他劫数	行五波罗蜜
于是诸劫中	布施供养佛	及缘觉弟子	并诸菩萨众
珍异之饮食	上服与卧具	栴檀立精舍	以园林庄严
如是等布施	种种皆微妙	尽此诸劫数	以回向佛道

若复持禁戒　清净无缺漏　求于无上道　诸佛之所叹
若复行忍辱　住于调柔地　设众恶来加　其心不倾动
诸有得法者　怀于增上慢　为斯所轻恼　如是亦能忍
若复勤精进　志念常坚固　于无量亿劫　一心不懈息
又于无数劫　住于空闲处　若坐若经行　除睡常摄心
以是因缘故　能生诸禅定　八十亿万劫　安住心不乱
持此一心福　愿求无上道　我得一切智　尽诸禅定际
是人于百千　万亿劫数中　行此诸功德　如上之所说
有善男女等　闻我说寿命　乃至一念信　其福过于彼
若人悉无有　一切诸疑悔　深心须臾信　其福为如此
其有诸菩萨　无量劫行道　闻我说寿命　是则能信受
如是诸人等　顶受此经典　愿我于未来　长寿度众生
如今日世尊　诸释中之王　道场师子吼　说法无所畏
我等未来世　一切所尊敬　坐于道场时　说寿亦如是
若有深心者　清净而质直　多闻能总持　随义解佛语
如是之人等　于此无有疑

又阿逸多！若有闻佛寿命长远，解其言趣，是人所得功德，无有限量，能起如来无上之慧。何况广闻是经，若教人闻，若自持，若教人持，若自书，若教人书，若以华、香、璎珞、幢幡、缯盖、香油、酥灯，供养经卷，是人功德，无量无边，能生一切种智。阿逸多！若善男子、善女人，闻我说寿命长远，深心信解，则为见佛常在耆阇崛山，共大菩萨，诸声闻众，围绕说法。又见此娑婆世界，其地琉璃，坦然平正，阎浮檀金，以界八道，宝树行列，诸台楼观，皆悉宝成，其菩萨众，咸处其中。若有能如是观者，当知是为深信解相。又复如来灭后，若闻是经而不毁訾，起随喜心，当知已为深信解相；何况读诵受持之者，斯人则为顶戴如来。阿逸多！是善男子、善女人，不须为我复起塔寺，及作僧坊，以四事供养众僧。所以者何？是善男子、善女人，受持读诵是经典者，为已起塔，造立僧坊，供养众僧。则为以佛舍利起七宝塔，高广渐小至于梵天，悬诸幡盖及众宝铃，华、香、璎珞、末香、涂香、烧香、众鼓伎乐、箫笛、箜篌，种种舞戏，以妙音声，歌呗赞颂，则为于无量千万亿劫，作是供养已。阿逸多！若我灭后，闻是经典，有能受持，若自书，若教人书，则为起立僧坊，以赤栴檀作诸殿堂三十有二，高八多罗树，高广严好，百千比丘于其中止。园林浴池，经行禅窟，衣服、饮食、床褥、汤药，一切乐具，充满其中。如是僧坊堂阁若干百千万亿，其数无量，以此现前，供养于我及比丘僧。是故我说，如来灭后，若有受持读诵，为他人说，若自书，若教人书，供养经卷，不须复起塔寺，及造僧坊，供养众僧。况复有人，能持是经，兼行布施、持戒、忍辱、精进、一心、智慧，其德最胜，无量无边。譬如虚空，东西南北、四维上下，无量无边；是人功德，亦复如是无量无边，疾至一切种智。若人读诵受持是经，为他人说，若自书，若教人书，复能起塔及造僧坊，供养赞叹声闻众僧，亦以百千万亿赞叹之法，赞叹菩萨功德，又为他人种种因缘，随义解说此法华经；复能清净持戒，与柔和者而共同止，忍辱无瞋，志念坚固，常贵坐禅，得诸深定，精进勇猛，摄诸善法，利根智慧，善答问难。阿逸多！若我灭后，诸善男子、善女人，受持读诵是经典者，复有如是诸善功德，当知是人，已趣道场，近阿耨多罗三藐三菩提，坐道树下。阿逸多！是善男子、善女人，若坐、若立、若行处，此中便应起塔，一切天人皆应供养，如佛之塔。尔时，世尊欲重宣此义，而说偈言：

若我灭度后	能奉持此经	斯人福无量	如上之所说
是则为具足	一切诸供养	以舍利起塔	七宝而庄严
表刹甚高广	渐小至梵天	宝铃千万亿	风动出妙音
又于无量劫	而供养此塔	华香诸璎珞	天衣众伎乐
燃香油苏灯	周匝常照明	恶世法末时	能持是经者
则为已如上	具足诸供养		
若能持此经	则如佛现在	以牛头栴檀	起僧坊供养

床卧皆具足
种种皆严好
及供养经卷
薰油常然之
其福亦如是
不瞋不恶口
常思惟智慧
功德不可量
天衣覆其身
不久诣道场
经行若坐卧
种种以供养
经行及坐卧
上馔妙衣服
经行及禅窟
若复教人书
阿提目多伽
如虚空无边
忍辱乐禅定
远离自高心
若能行是行
应以天华散
又应作是念
其所住止处
庄严令妙好
常在于其中
高八多罗树
园林诸浴池
受持读诵书
以须曼薝卜
得无量功德
兼布施持戒
谦下诸比丘
随顺为解说
成就如是德
生心如佛想
广利诸人天
是中应起塔
则是佛受用
堂有三十二
百千众住处
若有信解心
散华香末香
如是供养者
况复持此经
恭敬于塔庙
有问难不瞋
若见此法师
头面接足礼
得无漏无为
乃至说一偈
佛子住此地

卷第六

随喜功德品第十八

尔时,弥勒菩萨摩诃萨白佛言:世尊!若有善男子、善女人,闻是法华经随喜者,得几所福?而说偈言:

世尊灭度后　其有闻是经　若能随喜者　为得几所福

尔时,佛告弥勒菩萨摩诃萨:阿逸多!如来灭后,若比丘、比丘尼、优婆塞、优婆夷,及余智者,若长若幼,闻是经随喜已,从法会出,至于余处,若在僧坊,若空闲地,若城邑、巷陌、聚落、田里,如其所闻,为父母、宗亲、善友、知识,随力演说。是诸人等,闻已随喜,复行转教,余人闻已,亦随喜转教;如是展转,至第五十。阿逸多!其第五十善男子、善女人,随喜功德,我今说之,汝当善听!若四百万亿阿僧祇世界,六趣四生众生,卵生、胎生、湿生、化生,若有形、无形、有想、无想、非有想、非无想,无足、二足、四足、多足,如是等在众生数者,有人求福,随其所欲娱乐之具,皆给与之。一一众生,与满阎浮提金、银、琉璃、砗磲、玛瑙、珊瑚、琥珀,诸妙珍宝,及象、马、车乘、七宝所成宫殿、楼阁等。是大施主,如是布施,满八十年已,而作是念:我已施众生娱乐之具,随意所欲;然此众生皆已衰老,年过八十,发白面皱,将死不久,我当以佛法而训导之。即集此众生,宣布法化,示教利喜,一时皆得须陀洹道、斯陀含道、阿那含道、阿罗汉道，尽诸有漏，于深禅定皆得自在，具八解脱。于汝意云何？是大施主所得功德，宁为多不？弥勒白佛言：世尊！是人功德甚多，无量无边；若是施主，但施众生一切乐具，功德无量，何况令得阿罗汉果。佛告弥勒：我今分明语汝。是人以一切乐具，施于四百万亿阿僧祇世界六趣众生，又令得阿罗汉果，所得功德，不如是第五十人闻法华经一偈随喜功德，百分、千分、百千万亿分不及其一，乃至算数譬喻所不能知。 阿逸多！如是第五十人，展转闻法华经随喜功德，尚无量无边阿僧祇，何况最初于会中闻而随喜者，其福复胜无量无边阿僧祇，不可得比。又阿逸多！若人为是经故，往诣僧坊，若坐若立，须臾听受；缘是功德，转身所生，得好上妙象马车乘，珍宝辇舆，及乘天宫。若复有人于讲法处坐，更有人来，劝令坐听，若分座令坐；是人功德，转身得帝释坐处，若梵王坐处，若转轮圣王所坐之处。阿逸多！若复有人，语余人言，有经名法华，可共往听；即受其教，乃至须臾间闻。是人功德，转身得与陀罗尼菩萨共生一处，利根智慧。百千万世，终不喑哑；口气不臭，舌常无病，口亦无病，齿不垢黑，不黄不疏，亦不缺落，不差不曲；唇不下垂，亦不褰缩、不粗涩、不疮胗，亦不缺坏，亦不喎斜，不厚不大，亦不黧黑，无诸可恶。鼻不匾[匚+虒]，亦不曲戾，面色不黑，亦不狭长，亦不窊曲，无有一切不可喜相。唇舌牙齿，悉皆严好，鼻修高直，面貌圆满，眉高而长，额广平正，人相具足，世世所生，见佛闻法，信受教诲。阿逸多！汝且观是劝于一人令往听法，功德如此，何况一心听说读诵，而于大众为人分别如说修行。尔时，世尊欲重宣此义，而说偈言：

若人于法会	得闻是经典	乃至于一偈	随喜为他说
如是展转教	至于第五十	最后人获福	今当分别之
如有大施主	供给无量众	具满八十岁	随意之所欲
见彼衰老相	发白而面皱	齿疏形枯竭	念其死不久

我今应当教　令得于道果　即为方便说　涅槃真实法
世皆不牢固　如水沫泡焰　汝等咸应当　疾生厌离心
诸人闻是法　皆得阿罗汉　具足六神通　三明八解脱
最后第五十　闻一偈随喜　是人福胜彼　不可为譬喻
如是展转闻　其福尚无量　何况于法会　初闻随喜者
若有劝一人　将引听法华　言此经深妙　千万劫难遇
即受教往听　乃至须臾闻　斯人之福报　今当分别说
世世无口患　齿不疏黄黑　唇不厚褰缺　无有可恶相
舌不乾黑短　鼻高修且直　额广而平正　面目悉端严
为人所喜见　口气无臭秽　优钵华之香　常从其口出
若故诣僧坊　欲听法华经　须臾闻欢喜　今当说其福
后生天人中　得妙象马车　珍宝之辇舆　及乘天宫殿
若于讲法处　劝人坐听经　是福因缘得　释梵转轮座
何况一心听　解说其义趣　如说而修行　其福不可量

法师功德品第十九

尔时,佛告常精进菩萨摩诃萨,若善男子、善女人,受持是法华经,若读,若诵,若解说,若书写,是人当得八百眼功德、千二百耳功德、八百鼻功德、千二百舌功德、八百身功德、千二百意功德,以是功德,庄严六根,皆令清净。是善男子、善女人,父母所生清净肉眼,见于三千大千世界,内外所有山林河海,下至阿鼻地狱,上至有顶,亦见其中一切众生,及业因缘果报生处,悉见悉知。尔时,世尊欲重宣此义,而说偈言:

若于大众中	以无所畏心	说是法华经	汝听其功德
是人得八百	功德殊胜眼	以是庄严故	其目甚清净
父母所生眼	悉见三千界	内外弥楼山	须弥及铁围
并诸余山林	大海江河水	下至阿鼻狱	上至有顶处
其中诸众生	一切皆悉见	虽未得天眼	肉眼力如是

复次常精进!若善男子、善女人,受持此经,若读,若诵,若解说,若书写,得千二百耳功德。以是清净耳,闻三千大千世界,下至阿鼻地狱,上至有顶,其中内外种种语言音声。象声、马声、牛声、车声、啼哭声、愁叹声、螺声、鼓声、钟声、铃声、笑声、语声、男声、女声、童子声、童女声、法声、非法声、苦声、乐声、凡夫声、圣人声、喜声、不喜声。天声、龙声、夜叉声、乾闼婆声、阿修罗声、迦楼罗声、紧那罗声、摩睺罗伽声、火声、水声、风声、地狱声、畜生声、饿鬼声。比丘声、比丘尼声、声闻声、辟支佛声、菩萨声、佛声。以要言之,三千大千世界中,一切内外所有诸声,虽未得天耳,以父母所生清净常耳,皆悉闻知,如是分别种种音声,而不坏耳根。尔时,世尊欲重宣此义,而说偈言:

父母所生耳　清净无浊秽　以此常耳闻　三千世界声
象马车牛声　钟铃螺鼓声　琴瑟箜篌声　箫笛之音声
清净好歌声　听之而不着　无数种人声　闻悉能解了
又闻诸天声　微妙之歌音　及闻男女声　童子童女声
山川险谷中　迦陵频伽声　命命等诸鸟　悉闻其音声
地狱众苦痛　种种楚毒声　饿鬼饥渴逼　求索饮食声
诸阿修罗等　居在大海边　自共言语时　出于大音声
如是说法者　安住于此间　遥闻是众声　而不坏耳根
十方世界中　禽兽鸣相呼　其说法之人　于此悉闻之
其诸梵天上　光音及遍净　乃至有顶天　言语之音声
法师住于此　悉皆得闻之
一切比丘众　及诸比丘尼　若读诵经典　若为他人说
法师住于此　悉皆得闻之
复有诸菩萨　读诵于经法　若为他人说　撰集解其义
如是诸音声　悉皆得闻之
诸佛大圣尊　教化众生者　于诸大会中　演说微妙法
持此法华者　悉皆得闻之
三千大千界　内外诸音声　下至阿鼻狱　上至有顶天
皆闻其音声　而不坏耳根　其耳聪利故　悉能分别知
持是法华者　虽未得天耳　但用所生耳　功德已如是

复次常精进！若善男子、善女人，受持是经，若读，若诵，若解说，若书写，成就八百鼻功德。以是清净鼻根，闻于三千大千世界上下内外种种诸香，须曼那华香、阇提华香、末利华香、薝卜华香、波罗罗华香、赤莲华香、青莲华香、白莲华香、华树香、果树香、栴檀香、沉水香、多摩罗跋香、多伽罗香，及千万种和香，若末、若丸、若涂香，持是经者，于此间住，悉能分别。又复别知众生之香，象香、马香、牛羊等香，男香、女香、童子香、童女香，及草木丛林香，若近若远，所有诸香，悉皆得闻，分别不错。持是经者，虽住于此，亦闻天上诸天之香，波利质多罗、拘鞞陀罗树香，及曼陀罗华香、摩诃曼陀罗华香、曼殊沙华香、摩诃曼殊沙华香、栴檀、沉水，种种末香，诸杂华香，如是等天香和合所出之香，无不闻知。又闻诸天身香，释提桓因在胜殿上，五欲娱乐嬉戏时香，若在妙法堂上，为忉利诸天说法时香，若于诸园游戏时香，及余天等男女身香，皆悉遥闻。如是展转，乃至梵世，上至有顶，诸天身香，亦皆闻之。并闻诸天所烧之香，及声闻香、辟支佛香、菩萨香、诸佛身香，亦皆遥闻，知其所在。虽闻此香，然于鼻根不坏不错。若欲分别为他人说，忆念不谬。尔时，世尊欲重宣此义，而说偈言：

是人鼻清净	于此世界中	若香若臭物	种种悉闻知
须曼那阇提	多摩罗栴檀	沉水及桂香	种种华果香
及诸众生香	男子女人香	说法者远住	闻香知所在
大势转轮王	小转轮及子	群臣诸宫人	闻香知所在
身所著珍宝	及地中宝藏	转轮王宝女	闻香知所在
诸人严身具	衣服及璎珞	种种所涂香	闻香知其身
诸天若行坐	游戏及神变	持是法华者	闻香悉能知
诸树华果实	及酥油香气	持经者住此	悉知其所在
诸山深险处	栴檀树华敷	众生在中者	闻香悉能知
铁围山大海	地中诸众生	持经者闻香	悉知其所在
阿修罗男女	及其诸眷属	斗诤游戏时	闻香皆能知
旷野险隘处	狮子象虎狼	野牛水牛等	闻香知所在
若有怀妊者	未辨其男女	无根及非人	闻香悉能知
以闻香力故	知其初怀妊	成就不成就	安乐产福子
以闻香力故	知男女所念	染欲痴恚心	亦知修善者
地中众伏藏	金银诸珍宝	铜器之所盛	闻香悉能知
种种诸璎珞	无能识其价	闻香知贵贱	出处及所在
天上诸华等	曼陀曼殊沙	波利质多树	闻香悉能知
天上诸宫殿	上中下差别	众宝华庄严	闻香悉能知
天园林胜殿	诸观妙法堂	在中而娱乐	闻香悉能知
诸天若听法	或受五欲时	来往行坐卧	闻香悉能知

天女所著衣	好华香庄严	周旋游戏时	闻香悉能知
如是展转上	乃至于梵世	入禅出禅者	闻香悉能知
光音遍净天	乃至于有顶	初生及退没	闻香悉能知
诸比丘众等	于法常精进	若坐若经行	及读诵经典
或在林树下	专精而坐禅	持经者闻香	悉知其所在
菩萨志坚固	坐禅若读诵	或为人说法	闻香悉能知
在在方世尊	一切所恭敬	愍众而说法	闻香悉能知
众生在佛前	闻经皆欢喜	如法而修行	闻香悉能知
虽未得菩萨	无漏法生鼻	而是持经者	先得此鼻相

复次常精进！若善男子、善女人，受持是经，若读，若诵，若解说，若书写，得千二百舌功德。若好若丑，若美不美，及诸苦涩物，在其舌根，皆变成上味，如天甘露，无不美者。若以舌根，于大众中，有所演说，出深妙声，能入其心，皆令欢喜快乐。又诸天子、天女、释梵诸天，闻是深妙音声，有所演说，言论次第，皆悉来听。及诸龙、龙女、夜叉、夜叉女、乾闼婆、乾闼婆女、阿修罗、阿修罗女、迦楼罗、迦楼罗女、紧那罗、紧那罗女、摩睺罗伽、摩睺罗伽女，为听法故，皆来亲近，恭敬供养。及比丘、比丘尼、优婆塞、优婆夷、国王、王子、群臣眷属、小转轮王、大转轮王、七宝千子、内外眷属，乘其宫殿，俱来听法，以是菩萨善说法故。婆罗门、居士、国内人民，尽其形寿，随侍供养。又诸声闻、辟支佛、菩萨、诸佛，常乐见之。是人所在方面，诸佛皆向其处说法，悉能受持一切佛法，又能出于深妙法音。尔时，世尊欲重宣此义，而说偈言：

是人舌根净	终不受恶味	其有所食啖	悉皆成甘露
以深净妙声	于大众说法	以诸因缘喻	引导众生心
闻者皆欢喜	设诸上供养		
诸天龙夜叉	及阿修罗等	皆以恭敬心	而共来听法
是说法之人	若欲以妙音	遍满三千界	随意即能至
大小转轮王	及千子眷属	合掌恭敬心	常来听受法

诸天龙夜叉	罗刹毗舍阇	亦以欢喜心	常乐来供养
梵天王魔王	自在大自在	如是诸天众	常来至其所
诸佛及弟子	闻其说法音	常念而守护	或时为现身

复次常精进！若善男子、善女人，受持是经，若读，若诵，若解说，若书写，得八百身功德；得清净身，如净琉璃，众生喜见。其身净故，三千大千世界众生，生时死时，上下好丑，生善处恶处，悉于中现。及铁围山、大铁围山、弥楼山、摩诃弥楼山等诸山，及其中众生，悉于中现。下至阿鼻地狱，上至有顶，所有及众生，悉于中现。若声闻、辟支佛、菩萨、诸佛说法，皆于身中，现其色像。尔时，世尊欲重宣此义，而说偈言：

若持法华者	其身甚清净	如彼净琉璃	众生皆喜见
又如净明镜	悉见诸色像	菩萨于净身	皆见世所有
唯独自明了	余人所不见		
三千世界中	一切诸群萌	天人阿修罗	地狱鬼畜生
如是诸色像	皆于身中现		
诸天等宫殿	乃至于有顶	铁围及弥楼	摩诃弥楼山
诸大海水等	皆于身中现		
诸佛及声闻	佛子菩萨等	若独若在众	说法悉皆现
虽未得无漏	法性之妙身	以清净常体	一切于中现

复次常精进！若善男子、善女人，如来灭后，受持是经，若读，若诵，若解说，若书写，得千二百意功德。以是清净意根，乃至闻一偈一句，通达无量无边之义。解是义已，能演说一句一偈，至于一月、四月，乃至一岁，诸所说法，随其义趣，皆与实相不相违背。若说俗间经书、治世语言、资生业等，皆顺正法。三千大千世界六趣众生，心之所行，心所动作，心所戏论，皆悉知之，虽未得无漏智慧，而其意根清净如此。是人有所思惟，筹量言说，皆是佛法，无不真实，亦是先佛经中所说。尔时，世尊欲重宣此义，而

说偈言：

是人意清净
乃至闻一偈
是世界内外
其在六趣中
十方无数佛
思惟无量义
悉知诸法相
此人有所说
持法华经者
是人持此经
能以千万种

明利无浊秽
通达无量义
一切诸众生
所念若干种
百福庄严相
说法亦无量
随义识次第
皆是先佛法
意根净若斯
安住希有地
善巧之语言

以此妙意根
次第如法说
若天龙及人
持法华之报
为众生说法
终始不妄错
达名字语言
以演此法故
虽未得无漏
为一切众生
分别而说法

知上中下法
月四月至岁
夜叉鬼神等
一时皆悉知
悉闻能受持
以持法华故
如所知演说
于众无所畏
先有如是相
欢喜而爱敬
持法华经故

常不轻菩萨品第廿

尔时,佛告得大势菩萨摩诃萨:汝今当知!若比丘、比丘尼、优婆塞、优婆夷,持法华经者,若有恶口骂詈诽谤,获大罪报,如前所说。其所得功德,如向所说,眼耳鼻舌身意清净。得大势!乃往古昔,过无量无边不可思议阿僧祇劫,有佛名威音王如来、应供、正遍知、明行足、善逝世间解、无上士、调御丈夫、天人师、佛、世尊,劫名离衰,国名大成。其威音王佛,于彼世中,为天、人、阿修罗说法。为求声闻者,说应四谛法,度生老病死,究竟涅槃;为求辟支佛者,说应十二因缘法;为诸菩萨,因阿耨多罗三藐三菩提,说应六波罗蜜法,究竟佛慧。得大势!是威音王佛,寿四十万亿那由他恒河沙劫,正法住世劫数,如一阎浮提微尘,像法住世劫数,如四天下微尘,其佛饶益众生已,然后灭度。正法像法灭尽之后,于此国土,复有佛出,亦号威音王如来、应供、正遍知、明行足、善逝、世间解、无上士、调御丈夫、天人师、佛、世尊,如是次第有二万亿佛,皆同一号。最初威音王如来,既已灭度,正法灭后,于像法中,增上慢比丘有大势力。尔时,有一菩萨比丘,名常不轻。得大势!以何因缘,名常不轻?是比丘凡有所见,若比丘、比丘尼、优婆塞、优婆夷,皆悉礼拜赞叹,而作是言:我深敬汝等,不敢轻慢;所以者何?汝等皆行菩萨道,当得作佛。而是比丘不专读诵经典,但行礼拜,乃至远见四众,亦复故往礼拜赞叹,而作是言:我不敢轻于汝等,汝等皆当作佛。四众之中,有生瞋恚,心不净者,恶口骂詈言:是无智比丘,从何所来?自言我不轻汝,而与我等授记,当得作佛;我等不用如是虚妄授记。如此经历多年,常被骂詈,不生瞋恚,常作是言:汝当作佛。说是语时,众人或以杖木瓦石而打掷之,避走远住,犹高声唱言:我不敢轻于汝等,汝等皆当作佛。以其常作是语故,增上慢比丘、比丘尼、优婆塞、优婆夷,号之为常不轻。是比丘临欲终时,于虚空中,具闻威音王佛,先所说法华经二十千万亿偈,悉能受持,即得如上眼根清净,耳鼻舌身意根清净。得是六根清净已,更增寿命二百万亿那由他岁,广为人说是法华经。于时增上慢四众,比丘、比丘尼、优婆塞、优婆夷,轻贱是人为作不轻名者,见其得大神通力、乐说辩力、大善寂力,闻其所说,皆信伏随从。是菩萨复化千万亿众,令住阿耨多罗三藐三菩提。命终之后,得值二千亿佛,皆号日月灯明,于其法中,说是法华经。以是因缘,复值二千亿佛,同号云自在灯王,于此诸佛法中,受持读诵,为诸四众说此经典故,得是常眼清净,耳鼻舌身意诸根清净,于四众中说法,心无所畏。得大势!是常不轻菩萨摩诃萨,供养如是若干诸佛,恭敬尊重赞叹,种诸善根;于后复值千万亿佛,亦于诸佛法中,说是经典,功德成就,当得作佛。得大势!于意云何?尔时常不轻菩萨,岂异人乎?则我身是!若我于宿世,不受持读诵此经,为他人说者,不能疾得阿耨多罗三藐三菩提。我于先佛所,受持读诵此经,为人说故,疾得阿耨多罗三藐三菩提。得大势!彼时四众,比丘、比丘尼、优婆塞、优婆夷,以瞋恚意,轻贱我故,二百亿劫常不值佛、不闻法、不见僧,千劫于阿鼻地狱受大苦恼。毕是罪已,复遇常不轻菩萨,教化阿耨多罗三藐三菩提。得大势,于汝意云何?尔时四众常轻是菩萨者,岂异人乎?今此会中,跋陀婆罗等五百菩萨,师子月等五百比丘,尼思佛等五百优婆塞,皆于阿耨多罗三藐三菩提不退转者是。得大势!当知是法华经,大饶益诸菩萨摩诃萨,能令至于阿耨多罗三藐三菩提。是故诸菩萨摩诃萨,于如来灭后,常应受持、读诵、解说、书写是经。尔时,世尊欲重宣此义,而说偈言:

过去有佛　号威音王　神智无量　将导一切
天人龙神　所共供养

有一菩萨　名常不轻
而语之言　我不轻汝
诸人闻已　轻毁骂詈

得闻此经　六根清净
复为诸人　广说是经
教化成就　令住佛道
说是经故　得无量福
时四部众　着法之者
以是因缘　值无数佛
并及四部　清信士女

听受斯经　第一之法
世世受持　如是经典
时乃得闻　是法华经
诸佛世尊　时说是经
闻如是经　勿生疑惑
世世值佛　疾成佛道

法欲尽时
计着于法
往到其所
皆当作佛
能忍受之
临命终时
增益寿命
皆蒙菩萨
值无数佛
疾成佛道
则我身是
汝当作佛
五百之众
听法者是
劝是诸人
令住涅槃
至不可议
至不可议
于佛灭后
广说此经

是佛灭后
时诸四众
不轻菩萨
汝等行道
不轻菩萨
其罪毕已
神通力故
诸着法众
不轻命终
渐具功德
彼时不轻
闻不轻言
此会菩萨
今于我前
我于前世
开示教人
亿亿万劫
亿亿万劫
是故行者
应当一心

如来神力品第廿一

尔时，千世界微尘等菩萨摩诃萨从地涌出者，皆于佛前，一心合掌，瞻仰尊颜，而白佛言：世尊！我等于佛灭后，世尊分身所在国土灭度之处，当广说此经，所以者何？我等亦自欲得是真净大法，受持、读诵、解说、书写，而供养之。尔时，世尊于文殊师利等，无量百千万亿旧住娑婆世界菩萨摩诃萨，及诸比丘、比丘尼、优婆塞、优婆夷、天、龙、夜叉、乾闼婆、阿修罗、迦楼罗、紧那罗、摩睺罗伽、人非人等，一切众前，现大神力，出广长舌，上至梵世；一切毛孔，放于无量无数色光，皆悉遍照十方世界。众宝树下，师子座上诸佛，亦复如是，出广长舌，放无量光。释迦牟尼佛，及宝树下诸佛，现神力时，满百千岁，然后还摄舌相。一时謦欬，俱共弹指，是二音声，遍至十方诸佛世界，地皆六种震动。其中众生，天、龙、夜叉、乾闼婆、阿修罗、迦楼罗、紧那罗、摩睺罗伽、人非人等，以佛神力故，皆见此娑婆世界，无量无边百千万亿众宝树下师子座上诸佛；及见释迦牟尼佛共多宝如来，在宝塔中坐师子座；又见无量无边百千万亿菩萨摩诃萨，及诸四众，恭敬围绕释迦牟尼佛。既见是已，皆大欢喜，得未曾有。即时，诸天于虚空中，高声唱言：过此无量无边百千万亿阿僧祇世界，有国名娑婆，是中有佛，名释迦牟尼。今为诸菩萨摩诃萨说大乘经，名妙法莲华，教菩萨法，佛所护念。汝等当深心随喜，亦当礼拜供养释迦牟尼佛。彼诸众生，闻虚空中声已，合掌向娑婆世界，作如是言：南无释迦牟尼佛！南无释迦牟尼佛！以种种华、香、璎珞、幡盖，及诸严身之具，珍宝妙物，皆共遥散娑婆世界。所散诸物，从十方来，譬如云集，变成宝帐，遍覆此间诸佛之上。于时，十方世界通达无碍，如一佛土。尔时，佛告上行等菩萨大众：诸佛神力，如是无量无边，不可思议。若我以是神力，于无量无边百千万亿阿僧祇劫，为嘱累故，说此经功德，犹不能尽。以要言之，如来一切所有之法，如来一切自在神力，如来一切秘要之藏，如来一切甚深之事，皆于此经宣示显说。是故汝等于如来灭后，应一心受持、读诵、解说、书写，如说修行。所在国土，若有受持、读诵、解说、书写，如说修行，若经卷所住之处，若于园中，若于林中，若于树下，若于僧坊，若白衣舍，若在殿堂，若山谷旷野，是中皆应起塔供养。所以者何？当知是处，即是道场。诸佛于此，得阿耨多罗三藐三菩提；诸佛于此，转于法轮；诸佛于此，而般涅槃。尔时，世尊欲重宣此义，而说偈言：

诸佛救世者	住于大神通	为悦众生故	现无量神力
舌相至梵天	身放无数光	为求佛道者	现此希有事
诸佛謦欬声	及弹指之声	周闻十方国	地皆六种动
以佛灭度后	能持是经故	诸佛皆欢喜	现无量神力
嘱累是经故	赞美受持者	于无量劫中	犹故不能尽
是人之功德	无边无有穷	如十方虚空	不可得边际
能持是经者	则为已见我	亦见多宝佛	及诸分身者
又见我今日	教化诸菩萨		
能持是经者	令我及分身	灭度多宝佛	一切皆欢喜
十方现在佛	并过去未来	亦见亦供养	亦令得欢喜
诸佛坐道场	所得秘要法	能持是经者	不久亦当得
能持是经者	于诸法之义	名字及言辞	乐说无穷尽
如风于空中	一切无障碍		
于如来灭后	知佛所说经	因缘及次第	随义如实说
如日月光明	能除诸幽冥	斯人行世间	能灭众生闇
教无量菩萨	毕竟住一乘		
是故有智者	闻此功德利	于我灭度后	应受持斯经
是人于佛道	决定无有疑		

嘱累品第廿二

尔时，释迦牟尼佛从法座起，现大神力，以右手摩无量菩萨摩诃萨顶，而作是言：我于无量百千万亿阿僧祇劫，修习是难得阿耨多罗三藐三菩提法，今以付嘱汝等，汝等应当一心流布此法，广令增益。如是三摩诸菩萨摩诃萨顶，而作是言：我于无量百千万亿阿僧祇劫，修习是难得阿耨多罗三藐三菩提法，今以付嘱汝等，汝等当受持读诵，广宣此法，令一切众生，普得闻知。所以者何？如来有大慈悲，无诸悭吝，亦无所畏，能与众生佛之智慧、如来智慧、自然智慧，如来是一切众生之大施主。汝等亦应随学如来之法，勿生悭吝。于未来世，若有善男子、善女人，信如来智慧者，当为演说此法华经，使得闻知，为令其人得佛慧故。若有众生不信受者，当于如来余深法中，示教利喜，汝等若能如是，则为已报诸佛之恩。时诸菩萨摩诃萨，闻佛作是说已，皆大欢喜，遍满其身，益加恭敬，曲躬低头，合掌向佛，俱发声言：如世尊敕，当具奉行，唯然世尊！愿不有虑。诸菩萨摩诃萨众，如是三反，俱发声言：如世尊敕，当具奉行，唯然世尊！愿不有虑。尔时，释迦牟尼佛令十方来诸分身佛，各还本土，而作是言：诸佛各随所安，多宝佛塔还可如故。说是语时，十方无量分身诸佛，坐宝树下，师子座上者，及多宝佛，并上行等无边阿僧祇菩萨大众，舍利弗等声闻四众，及一切世间天人阿修罗等，闻佛所说，皆大欢喜。

药王菩萨本事品第廿三

尔时，宿王华菩萨白佛言：世尊！药王菩萨云何游于娑婆世界？世尊！是药王菩萨，有若干百千万亿那由他难行苦行？善哉！世尊！愿少解说。诸天、龙神、夜叉、乾闼婆、阿修罗、迦楼罗、紧那罗、摩睺罗伽、人非人等，又他国土诸来菩萨，及此声闻众，闻皆欢喜。尔时，佛告宿王华菩萨，乃往过去无量恒河沙劫，有佛号日月净明德如来、应供、正遍知、明行足、善逝、世间解、无上士、调御丈夫、天人师、佛、世尊。其佛有八十亿大菩萨摩诃萨，七十二恒河沙大声闻众，佛寿四万二千劫，菩萨寿命亦等。彼国无有女人、地狱、饿鬼、畜生、阿修罗等，及以诸难。地平如掌，琉璃所成，宝树庄严，宝帐覆上，垂宝华幡，宝瓶香炉，周遍国界。七宝为台，一树一台，其树去台，尽一箭道。此诸宝树，皆有菩萨、声闻，而坐其下。诸宝台上，各有百亿诸天，作天伎乐，歌叹于佛，以为供养。尔时，彼佛为一切众生喜见菩萨，及众菩萨、诸声闻众，说法华经。是一切众生喜见菩萨，乐习苦行，于日月净明德佛法中，精进经行，一心求佛，满万二千岁已，得现一切色身三昧。得此三昧已，心大欢喜，即作念言：我得现一切色身三昧，皆是得闻法华经力，我今当供养日月净明德佛，及法华经。即时入是三昧，于虚空中，雨曼陀罗华、摩诃曼陀罗华、细末坚黑栴檀，满虚空中，如云而下。又雨海此岸栴檀之香，此香六铢，价值娑婆世界，以供养佛。作是供养已，从三昧起，而自念言：我虽以神力供养于佛，不如以身供养。即服诸香，栴檀、薰陆、兜罗婆、毕力迦、沉水、胶香，又饮薝卜诸华香油，满千二百岁已。香油涂身，于日月净明德佛前，以天宝衣而自缠身，灌诸香油，以神通力愿而自然身，光明遍照八十亿恒河沙世界。其中诸佛同时赞言：善哉！善哉！善男子！是真精进，是名真法供养如来。若以华、香、璎珞、烧香、末香、涂香、天缯、幡盖，及海此岸栴檀之香，如是等种种诸物供养，所不能及。假使国城妻子布施，亦所不及。善男子！是名第一之施，于诸施中，最尊最上，以法供养诸如来故。作是语已，而各默然。其身火然千二百岁，过是已后，其身乃尽。一切众生喜见菩萨作如是法供养已，命终之后，复生日月净明德佛国中，于净德王家，结跏趺坐，忽然化生。即为其父而说偈言：

大王今当知　我经行彼处　即时得一切　现诸身三昧
勤行大精进　舍所爱之身　供养于世尊　为求无上慧

说是偈已，而白父言：日月净明德佛，今故现在，我先供养佛已，得解一切众生语言陀罗尼，复闻是法华经八百千万亿那由他、甄迦罗、频婆罗、阿閦婆等偈。大王！我今当还供养此佛。白已，即坐七宝之台，上升虚空，高七多罗树，往到佛所，头面礼足，合十指爪，以偈赞佛：

容颜甚奇妙　光明照十方　我适曾供养　今复还亲觐

尔时，一切众生喜见菩萨说是偈已，而白佛言：世尊！世尊犹故在世。尔时，日月净明德佛告一切众生喜见菩萨：善男子！我涅槃时到，灭尽时至，汝可安施床座，我于今夜，当般涅槃。又敕一切众生喜见菩萨：善男子！我以佛法，嘱累于汝，及诸菩萨大弟子，并阿耨多罗三藐三菩提法，亦以三千大千七宝世界，诸宝树宝台，及给侍诸天，悉付于汝。我灭度后，所有舍利，亦付嘱汝，当令流布，广设供养，应起若干千塔。如是日月净明德佛，敕一切众生喜见菩萨已，于夜后分，入于涅槃。尔时，一切众生喜见菩萨见佛灭度，悲感懊恼，恋慕于佛，即以海此岸栴檀为[廿＋积]，供养佛身，而以烧之。火灭已后，收取舍利，作八万四千宝瓶，以起八万四千塔，高三世界，表刹庄严，垂诸幡盖，悬众宝铃。尔时，一切众生喜见菩萨复自念言：我虽作是供养，心犹未足，我今当更供养舍利。便语诸菩萨、大弟子，及天龙夜叉等一切大众：汝等当一心念，我今供养日月净明德佛舍利。作是语已，即于八万四千塔前，然百福庄严臂，七万二千岁，而以供养。令无数求声闻众、无量阿僧祇人，发阿耨多罗三藐三菩提心，皆使得住现一切色身三昧。尔时，诸菩萨、天、人、阿修罗等，见其无臂，忧恼悲哀，而作是言：此一切众生喜见菩萨，是我等师，教化我者，而今烧臂，身不具足。于时一切众生喜见菩萨，于大众中，立此誓言：我舍两臂，必当得佛金色之身，若实不虚，令我两臂还复如故。作是誓已，自然还复，由斯菩萨福德智慧淳厚所致。当尔之时，三千大千世界六种震动，天雨宝华，一切人天得未曾有。佛告宿王华菩萨：于汝意云何，一切众生喜见菩萨，岂异人乎？今药王菩萨是也！其所舍身布施，如是无量百千万亿那由他数。宿王华！若有发心欲得阿耨多罗三藐三菩提者，能然手指，乃至足一指，供养佛塔，胜以国城妻子，及三千大千国土，山林河池，诸珍宝物，而供养者。若复有人，以七宝满三千大千世界，供养于佛，及大菩萨、辟支佛、阿罗汉，是人所得功德，不如受持此法华经，乃至一四句偈，其福最多。宿王华！譬如一切川流江河诸水之中，海为第一；此法华经亦复如是，于诸如来所说经中，最为深大。又如土山、黑山、小铁围山、大铁围山，及十宝山，众山之中，须弥山为第一；此法华经亦复如是，于诸经中最为其上。又如众星之中，月天子最为第一；此法华经亦复如是，于千万亿种诸经法中，最为照明。又如日天子，能除诸闇；此经亦复如是，能破一切不善之闇。又如诸小王中，转轮圣王最为第一；此经亦复如是，于众经中，最为其尊。又如帝释，于三十三天中王；此经亦复如是，诸经中王。又如大梵天王，一切众生之父；此经亦复如是，一切贤圣、学无学，及发菩萨心者之父。又如一切凡夫人中，须陀洹、斯陀含、阿那含、阿罗汉、辟支佛为第一；此经亦复如是，一切如来所说，若菩萨所说，若声闻所说，诸经法中，最为第一。有能受持是经典者，亦复如是，于一切众生中，亦为第一。一切声闻、辟支佛中，菩萨为第一；此经亦复如是，于一切诸经法中，最为第一。如佛为诸法王，此经亦复如是，诸经中王。宿王华！此经能救一切众生者，此经能令一切众生离诸苦恼，此经能大饶益一切众生，充满其愿。如清凉池，能满一切诸渴乏者；如寒者得火，如裸者得衣，如商人得主，如子得母，如渡得船，如病得医，如闇得灯，如贫得宝，如民得王，如贾客得海，如炬除闇；此法华经亦复如是，能令众生离一切苦、一切病痛，能解一切生死之缚。若人得闻此法华经，若自书，若使人书，所得功德，以佛智慧，筹量多少，不得其边。若书是经卷，华香、璎珞、烧香、末香、涂香、幡盖、衣服、种种之灯、酥灯、油灯、诸香油灯、蕢卜油灯、须曼那油灯、波罗罗油灯、婆利师迦油灯、那婆摩利油灯供养，所得功德，亦复无量。宿王华！若有人闻是药王菩萨本事品者，亦得无量无边功德。若有女人，闻是药王菩萨本事品，能受持者，尽是女身，后不复受。若如来灭后，后五百岁中，若有女人，闻是经典，如说修行，于此命终，即往安乐世界，阿弥陀佛、大菩萨众，围绕住处，生莲华中，宝座之上，不复为贪欲所恼，亦复不为瞋恚愚痴所恼，亦复不为憍慢嫉妒诸垢所恼，得菩萨神通，无生法忍。得是忍已，眼根清净，以是清净眼根，见七百万二千亿那由他恒河沙等诸佛如来。是时诸佛遥共赞言：善哉！善哉！善男子！汝能于释迦牟尼佛法中，受持读诵，思惟是经，为他人说，所得福德，无量无边，火不能焚，水不能漂，汝之功德，千佛共说，不能令尽。汝今已能破诸魔贼，坏生死军，诸余怨敌，皆悉摧灭。善男子！百千诸佛，以神通力，共守护汝，于一切世间，天人之中，无如汝者，唯除如来，其诸声闻、辟支佛，乃至菩萨智慧禅定，无有与汝等者。宿王华！此菩萨成就如是功德智慧之力。若有人闻是药王菩萨本事品，能随喜赞善者，是人现世口中，常出青莲华香，身毛孔中，常出牛头栴檀之香，所得功德，如上所说。是故宿王华！以此药王菩萨本事品，嘱累于汝。我灭度后，后五百岁中，广宣流布于阎浮提，无令断绝，恶魔、魔民、诸天、龙、夜叉、鸠槃荼等，得其便也。宿王华！汝当以神通之力，守护是经，所以者何？此经则为阎浮提人病之良药；若人有病，得闻是经，病即消灭，不老不死。宿王华！汝若见有受持是经者，应以青莲华盛满末香，供散其上，散已，作是念言：此人不久必当取草坐于道场，破诸魔军，当吹法螺，击大法鼓，度脱一切众生老病死海。是故求佛道者，见有受持是经典人，应当如是生恭敬心。说是药王菩萨本事品时，八万四千菩萨，得解一切众生语言陀罗尼。多宝如来于宝塔中，赞宿王华菩萨言：善哉！善哉！宿王华！汝成就不可思议功德，乃能问释迦牟尼佛如此之事，利益无量一切众生。

卷第七

妙音菩萨品第廿四

尔时，释迦牟尼佛放大人相肉髻光明，及放眉间白毫相光，遍照东方百八万亿那由他恒河沙等诸佛世界。过是数已，有世界名净光庄严，其国有佛，号净华宿王智如来、应供、正遍知、明行足、善逝、世间解、无上士、调御丈夫、天人师、佛、世尊，为无量无边菩萨大众，恭敬围绕，而为说法。释迦牟尼佛白毫光明，遍照其国。尔时，一切净光庄严国中，有一菩萨，名曰妙音，久已植众德本，供养亲近无量百千万亿诸佛，而悉成就甚深智慧，得妙幢相三昧、法华三昧、净德三昧、宿王戏三昧、无缘三昧、智印三昧、解一切众生语言三昧、集一切功德三昧、清净三昧、神通游戏三昧、慧炬三昧、庄严王三昧、净光明三昧、净藏三昧、不共三昧、日旋三昧，得如是等百千万亿恒河沙等诸大三昧。释迦牟尼佛光照其身，即白净华宿王智佛言：世尊！我当往诣娑婆世界，礼拜亲近供养释迦牟尼佛，及见文殊师利法王子菩萨、药王菩萨、勇施菩萨、宿王华菩萨、上行意菩萨、庄严王菩萨、药上菩萨。尔时，净华宿王智佛告妙音菩萨：汝莫轻彼国，生下劣想。善男子！彼娑婆世界，高下不平，土石诸山，秽恶充满，佛身卑小，诸菩萨众，其形亦小，而汝身四万二千由旬，我身六百八十万由旬，汝身第一端正，百千万福，光明殊妙；是故汝往，莫轻彼国，若佛菩萨及国土，生下劣想。妙音菩萨白其佛言：世尊！我今诣娑婆世界，皆是如来之力，如来神通游戏，如来功德智慧庄严。于是妙音菩萨不起于座，身不动摇，而入三昧。以三昧力，于耆阇崛山，去法座不远，化作八万四千众宝莲华，阎浮檀金为茎，白银为叶，金刚为须，甄叔迦宝以为其台。尔时，文殊师利法王子见是莲华，而白佛言：世尊！是何因缘，先现此瑞，有若干千万莲华，阎浮檀金为茎，白银为叶，金刚为须，甄叔迦宝以为其台？尔时，释迦牟尼佛告文殊师利：是妙音菩萨摩诃萨，欲从净华宿王智佛国，与八万四千菩萨围绕而来，至此娑婆世界，供养亲近礼拜于我，亦欲供养听法华经。文殊师利白佛言：世尊！是菩萨种何善本，修何功德，而能有是大神通力？行何三昧？愿为我等说是三昧名字，我等亦欲勤修行之。行此三昧，乃能见是菩萨色相大小，威仪进止，惟愿世尊以神通力，彼菩萨来，令我得见。尔时，释迦牟尼佛告文殊师利：此久灭度多宝如来，当为汝等而现其相。时多宝佛告彼菩萨：善男子来！文殊师利法王子欲见汝身。于时，妙音菩萨于彼国没，与八万四千菩萨，俱共发来。所经诸国，六种震动，皆悉雨于七宝莲华，百千天乐，不鼓自鸣。是菩萨目如广大青莲华叶，正使和合百千万月，其面貌端正，复过于此。身真金色，无量百千功德庄严，威德炽盛，光明照曜，诸相具足，如那罗延坚固之身。入七宝台，上升虚空，去地七多罗树，诸菩萨众恭敬围绕，而来诣此娑婆世界耆阇崛山。到已，下七宝台，以价值百千璎珞，持至释迦牟尼佛所，头面礼足，奉上璎珞，而白佛言：世尊！净华宿王智佛问讯世尊：少病少恼，起居轻利，安乐行不？四大调和不？世事可忍不？众生易度不？无多贪欲、瞋恚、愚痴、嫉妒、悭慢不？无不孝父母，不敬沙门，邪见不善心，不摄五情不？世尊！众生能降伏诸魔怨不？久灭度多宝如来在七宝塔中，来听法不？又问讯多宝如来：安隐少恼，堪忍久住不？世尊！我今欲见多宝佛身，惟愿世尊，示我令见。尔时，释迦牟尼佛语多宝佛，是妙音菩萨欲得相见。时多宝佛告妙音言：善哉！善哉！汝能为供养释迦牟尼佛，及听法华经，并见文殊师利等，故来至此。尔时，华德菩萨白佛言：世尊！是妙音菩萨，种何善根，修何功德，有是神力？佛告华德菩萨：过去有佛，名云雷音王，多陀阿伽度阿罗诃三藐三佛陀，国名现一切世间，劫名喜见。妙音菩萨于万二千岁，以十万种伎乐，供养云雷音王佛，并奉上八万四千七宝钵，以是因缘果报，今生净华宿王智佛国，有是神力。华德！于汝意云何？尔时，云雷音王佛所，妙音菩萨伎乐供养，奉上宝器者，岂异人乎？今此妙音菩萨摩诃萨是。华德！是妙音菩萨，已曾供养亲近无量诸佛，久植德本，又值恒河沙等百千万亿那由他佛。华德！汝但见妙音菩萨其身在此，而是菩萨现种种身，处处为诸众生说是经典，或现梵王身，或现帝释身，或现自在天身，或现大自在天身，或现天大将军身，或现毗沙门天王身，或现转轮圣王身，或现诸小王身，或现长者身，或现居士身，或现宰官身，或现婆罗门身，或现比丘、比丘尼、优婆塞、优婆夷身，或现长者居士妇女身，或现宰官妇女身，或现婆罗门妇女身，或现童男童女身，或现天、龙、夜叉、乾闼婆、阿修罗、迦楼罗、紧那罗、摩睺罗伽、人非人等身，而说是经。诸有地狱、饿鬼、畜生，及众难处，皆能救济，乃至于王后宫，变为女身，而说是经。华德！是妙音菩萨，能救护娑婆世界诸众生者，是妙音菩萨如是种种变化现身，在此娑婆国土，为诸众生说是经典，于神通变化智慧无所损减。是菩萨以若干智慧，明照娑婆世界，令一切众生，各得所知；于十方恒河沙世界中，亦复如是。若应以声闻形得度者，现声闻形而为说法；应以辟支佛形得度者，现辟支佛形而为说法；应以菩萨形得度者，现菩萨形而为说法；应以佛形得度者，即现佛形而为说法。如是种种，随所应度而为现形，乃至应以灭度而得度者，示现灭度。华德！妙音菩萨摩诃萨，成就大神通智慧之力，其事如是。尔时，华德菩萨白佛言：世尊！是妙音菩萨深种善根。世尊！是菩萨住何三昧，而能如是在所变现，度脱众生？佛告华德菩萨：善男子！其三昧名现一切色身，妙音菩萨住是三昧中，能如是饶益无量众生。说是妙音菩萨品时,与妙音菩萨俱来者,八万四千人,皆得现一切色身三昧;此娑婆世界无量菩萨,亦得是三昧及陀罗尼。尔时,妙音菩萨摩诃萨,供养释迦牟尼佛及多宝佛塔已,还归本土,所经诸国,六种震动,雨宝莲华,作百千万亿种种伎乐。既到本国,与八万四千菩萨围绕,至净华宿王智佛所,白佛言:世尊!我到娑婆世界,饶益众生,见释迦牟尼佛,及见多宝佛塔,礼拜供养,又见文殊师利法王子菩萨,及见药王菩萨、得勤精进力菩萨、勇施菩萨等,亦令是八万四千菩萨,得现一切色身三昧。说是妙音菩萨来往品时,四万二千天子得无生法忍,华德菩萨得法华三昧。

观世音菩萨普门品第廿五

尔时,无尽意菩萨即从座起,偏袒右肩,合掌向佛,而作是言:世尊!观世音菩萨以何因缘,名观世音?

佛告无尽意菩萨:善男子!若有无量百千万亿众生,受诸苦恼,闻是观世音菩萨,一心称名,观世音菩萨即时观其音声,皆得解脱。

若有持是观世音菩萨名者,设入大火,火不能烧,由是菩萨威神力故。

若为大水所漂,称其名号,即得浅处。

若有百千万亿众生,为求金、银、琉璃、砗磲、玛瑙、珊瑚、琥珀、真珠等宝,入于大海,假使黑风吹其船舫,漂堕罗刹鬼国,其中若有乃至一人,称观世音菩萨名者,是诸人等,皆得解脱罗刹之难,以是因缘,名观世音。

若复有人,临当被害,称观世音菩萨名者,彼所执刀杖,寻段段坏,而得解脱。

若三千大千国土,满中夜叉罗刹,欲来恼人,闻其称观世音菩萨名者,是诸恶鬼尚不能以恶眼视之,况复加害。

设复有人,若有罪,若无罪,杻械枷锁检系其身,称观世音菩萨名者,皆悉断坏,即得解脱。

若三千大千国土,满中怨贼,有一商主,将诸商人,赍持重宝,经过险路,其中一人作是唱言:诸善男子!勿得恐怖！汝等应当一心称观世音菩萨名号，是菩萨能以无畏施于众生；汝等若称名者，于此怨贼当得解脱！众商人闻，俱发声言：南无观世音菩萨！称其名故，即得解脱。

无尽意！观世音菩萨摩诃萨，威神之力，巍巍如是。

若有众生多于淫欲，常念恭敬观世音菩萨，便得离欲；若多瞋恚，常念恭敬观世音菩萨，便得离瞋；若多愚痴，常念恭敬观世音菩萨，便得离痴。

无尽意！观世音菩萨有如是等大威神力，多所饶益，是故众生常应心念！

若有女人，设欲求男，礼拜供养观世音菩萨，便生福德智慧之男；设欲求女，便生端正有相之女，宿植德本，众人爱敬。

无尽意！观世音菩萨有如是力！若有众生，恭敬礼拜观世音菩萨，福不唐捐。

是故众生，皆应受持观世音菩萨名号。

无尽意！若有人受持六十二亿恒河沙菩萨名字，复尽形供养饮食、衣服、卧具、医药，于汝意云何？是善男子、善女人，功德多不？无尽意言：甚多！世尊！佛言：若复有人，受持观世音菩萨名号，乃至一时礼拜供养，是二人福，正等无异，于百千万亿劫不可穷尽。

无尽意！受持观世音菩萨名号，得如是无量无边福德之利。

无尽意菩萨白佛言：世尊！观世音菩萨云何游此娑婆世界？云何而为众生说法？方便之力，其事云何？

佛告无尽意菩萨：善男子！若有国土众生，应以佛身得度者，观世音菩萨即现佛身而为说法。

应以辟支佛身得度者，即现辟支佛身而为说法。

应以声闻身得度者，即现声闻身而为说法。

应以梵王身得度者，即现梵王身而为说法。

应以帝释身得度者，即现帝释身而为说法。

应以自在天身得度者，即现自在天身而为说法。应以大自在天身得度者，即现大自在天身而为说法。

应以天大将军身得度者，即现天大将军身而为说法。

应以毗沙门身得度者，即现毗沙门身而为说法。

应以小王身得度者，即现小王身而为说法。

应以长者身得度者，即现长者身而为说法。

应以居士身得度者，即现居士身而为说法。

应以宰官身得度者，即现宰官身而为说法。

应以婆罗门身得度者，即现婆罗门身而为说法。

应以比丘、比丘尼、优婆塞、优婆夷身得度者，即现比丘、比丘尼、优婆塞、优婆夷身而为说法。

应以长者、居士、宰官、婆罗门妇女身得度者，即现妇女身而为说法。

应以童男、童女身得度者，即现童男、童女身而为说法。

应以天龙、夜叉、乾闼婆、阿修罗、迦楼罗、紧那罗、摩睺罗伽、人非人等身得度者，即皆现之，而为说法。

应以执金刚神得度者，即现执金刚神而为说法。

无尽意！是观世音菩萨成就如是功德，以种种形，游诸国土，度脱众生。

是故汝等应当一心供养观世音菩萨，是观世音菩萨摩诃萨，于怖畏急难之中，能施无畏，是故此娑婆世界皆号之为施无畏者。

无尽意菩萨白佛言：世尊！我今当供养观世音菩萨。即解颈众宝珠璎珞，价值百千两金而以与之，作是言：仁者！受此法施珍宝璎珞。

时观世音菩萨不肯受之。

无尽意复白观世音菩萨言：仁者！愍我等故，受此璎珞。

尔时，佛告观世音菩萨：当愍此无尽意菩萨及四众、天龙、夜叉、乾闼婆、阿修罗、迦楼罗、紧那罗、摩睺罗伽、人非人等故，受是璎珞。

即时观世音菩萨愍诸四众，及于天龙人非人等，受其璎珞，分作二分，一分奉释迦牟尼佛，一分奉多宝佛塔。

无尽意！观世音菩萨有如是自在神力，游于娑婆世界。

尔时，无尽意菩萨以偈问曰：

世尊妙相具	我今重问彼	佛子何因缘	名为观世音
具足妙相尊	偈答无尽意	汝听观音行	善应诸方所
弘誓深如海	历劫不思议	侍多千亿佛	发大清净愿
我为汝略说	闻名及见身	心念不空过	能灭诸有苦
假使兴害意	推落大火坑	念彼观音力	火坑变成池
或漂流巨海	龙鱼诸鬼难	念彼观音力	波浪不能没
或在须弥峰	为人所推堕	念彼观音力	如日虚空住
或被恶人逐	堕落金刚山	念彼观音力	不能损一毛
或值怨贼绕	各执刀加害	念彼观音力	咸即起慈心
或遭王难苦	临刑欲寿终	念彼观音力	刀寻段段坏
或囚禁枷锁	手足被杻械	念彼观音力	释然得解脱
咒诅诸毒药	所欲害身者	念彼观音力	还着于本人
或遇恶罗刹	毒龙诸鬼等	念彼观音力	时悉不敢害
若恶兽围绕	利牙爪可怖	念彼观音力	疾走无边方
蚖蛇及蝮蝎	气毒烟火然	念彼观音力	寻声自回去
云雷鼓掣电	降雹澍大雨	念彼观音力	应时得消散
众生被困厄	无量苦逼身	观音妙智力	能救世间苦
具足神通力	广修智方便	十方诸国土	无刹不现身
种种诸恶趣	地狱鬼畜生	生老病死苦	以渐悉令灭
真观清净观	广大智慧观	悲观及慈观	常愿常瞻仰
无垢清净光	慧日破诸闇	能伏灾风火	普明照世间
悲体戒雷震	慈意妙大云	澍甘露法雨	灭除烦恼焰
诤讼经官处	怖畏军阵中	念彼观音力	众怨悉退散
妙音观世音	梵音海潮音	胜彼世间音	是故须常念
念念勿生疑	观世音净圣	于苦恼死厄	能为作依怙
具一切功德	慈眼视众生	福聚海无量	是故应顶礼

尔时，持地菩萨即从座起，前白佛言：世尊！若有众生闻

是观世音菩萨品自在之业,普门示现神通力者,当知是人功德不少。

佛说是普门品时,众中八万四千众生,皆发无等等阿耨多罗三藐三菩提心。

陀罗尼品第廿六

尔时,药王菩萨即从座起,偏袒右肩,合掌向佛,而白佛言:世尊!若善男子、善女人,有能受持法华经者,若读诵通利,若书写经卷,得几所福?佛告药王:若有善男子、善女人,供养八百万亿那由他恒河沙等诸佛,于汝意云何,其所得福,宁为多不?甚多!世尊!佛言:若善男子、善女人,能于是经,乃至受持一四句偈,读诵解义,如说修行,功德甚多。

尔时,药王菩萨白佛言:世尊!我今当与说法者陀罗尼咒,以守护之。

即说咒曰:安尔．曼尔．摩祢．摩摩祢．旨隶．遮梨第．赊咩．赊履多玮．膻帝．目帝．目多履．娑履．阿玮娑履．桑履．娑履．叉裔．阿叉裔．阿耆腻．膻帝．赊履．陀罗尼．阿卢伽婆娑簸蔗毗叉腻．祢毗剃．阿便哆逻弥履剃．阿亶哆波隶输地．欧究隶．牟究隶．阿罗隶．波罗隶．首迦差．阿三磨三履．佛陀毗吉利帙帝．达摩波利差帝．僧伽涅瞿沙祢．婆舍婆舍输地．曼哆逻．曼哆逻叉夜多．邮楼哆．邮楼哆憍舍略．恶叉逻．恶叉冶多冶．阿婆卢．阿摩若那多夜。

世尊！是陀罗尼神咒，六十二亿恒河沙等诸佛所说，若有侵毁此法师者，则为侵毁是诸佛已。

时释迦牟尼佛赞药王菩萨言：善哉！善哉！药王！汝愍念拥护此法师故，说是陀罗尼，于诸众生，多所饶益。

尔时，勇施菩萨白佛言：世尊！我亦为拥护读诵受持法华经者，说陀罗尼，若此法师得是陀罗尼，若夜叉，若罗刹，若富单那，若吉蔗，若鸠槃荼，若饿鬼等，伺求其短，无能得便。即于佛前而说咒曰：痤隶．摩诃痤隶．郁枳．目枳．阿隶．阿罗婆第．涅隶第．涅隶多婆第．伊致柅．韦致柅．旨致柅．涅隶墀柅．涅犁墀婆底。

世尊！是陀罗尼神咒，恒河沙等诸佛所说，亦皆随喜，若有侵毁此法师者，则为侵毁是诸佛已。

尔时，毗沙门天王护世者白佛言：世尊！我亦为愍念众生，拥护此法师故，说是陀罗尼。即说咒曰：阿梨．那梨．[少＋兔] 那梨．阿那卢．那履．拘那履。

世尊！以是神咒拥护法师，我亦自当拥护持是经者，令百由旬内，无诸衰患。

尔时，持国天王在此会中，与千万亿那由他乾闼婆众，恭敬围绕，前诣佛所，合掌白佛言：世尊！我亦以陀罗尼神咒，拥护持法华经者。即说咒曰：阿伽祢．伽祢．瞿利．乾陀利．旃陀利．摩蹬耆．常求利．浮楼莎柅．頞底。

世尊！是陀罗尼神咒，四十二亿诸佛所说，若有侵毁此法师者，则为侵毁是诸佛已。

尔时，有罗刹女等，一名蓝婆，二名毗蓝婆，三名曲齿，四名华齿，五名黑齿，六名多发，七名无厌足，八名持璎珞，九名皋帝，十名夺一切众生精气，是十罗刹女，与鬼子母并其子及眷属，俱诣佛所，同声白佛言：世尊！我等亦欲拥护读诵受持法华经者，除其衰患，若有伺求法师短者，令不得便。即于佛前而说咒曰：伊提履．伊提泯．伊提履．阿提履．伊提履．泥履．泥履．泥履．泥履．泥履．楼醯．楼醯．楼醯．楼醯．多醯．多醯．多醯．兜醯．〔少+兔〕醯。

宁上我头上，莫恼于法师。若夜叉、若罗刹、若饿鬼、若富单那、若吉蔗、若毗陀罗、若犍驮、若乌摩勒伽、若阿跋摩罗、若夜叉吉蔗、若人吉蔗，若热病，若一日、若二日、若三日、若四日、若至七日、若常热病，若男形、若女形、若童男形、若童女形，乃至梦中，亦复莫恼。即于佛前而说偈言：

若不顺我咒　恼乱说法者　头破作七分　如阿梨树枝
如杀父母罪　亦如压油殃　斗秤欺诳人　调达破僧罪
犯此法师者　当获如是殃

诸罗刹女说此偈已，白佛言：世尊！我等亦当身自拥护受持读诵修行是经者，令得安隐，离诸衰患，消众毒药。

佛告诸罗刹女：善哉！善哉！汝等但能拥护受持法华名者，福不可量，何况拥护具足受持供养经卷，华香、璎珞、末香、涂香、烧香、幡盖、伎乐，然种种灯、酥灯、油灯、诸香油灯、苏摩那华油灯、薝卜华油灯、婆师迦华油灯、优钵罗华油灯，如是等百千种供养者。皋帝！汝等及眷属，应当拥护如是法师。

说是陀罗尼品时，六万八千人得无生法忍。

妙庄严王本事品第廿七

尔时,佛告诸大众:乃往古世,过无量无边不可思议阿僧祇劫,有佛名云雷音宿王华智,多陀阿伽度阿罗诃三藐三佛陀,国名光明庄严,劫名喜见。

彼佛法中,有王名妙庄严,其王夫人,名曰净德,有二子,一名净藏,二名净眼。是二子有大神力,福德智慧,久修菩萨所行之道,所谓檀波罗蜜、尸罗波罗蜜、羼提波罗蜜、毗离耶波罗蜜、禅波罗蜜、般若波罗蜜、方便波罗蜜、慈悲喜舍,乃至三十七品助道法,皆悉明了通达;又得菩萨净三昧、日星宿三昧、净光三昧、净色三昧、净照明三昧、长庄严三昧、大威德藏三昧,于此三昧亦悉通达。

尔时,彼佛欲引导妙庄严王,及愍念众生故,说是法华经。

时净藏净眼二子,到其母所,合十指爪掌白言:愿母往诣云雷音宿王华智佛所,我等亦当侍从亲近供养礼拜,所以者何?此佛于一切天人众中说法华经,宜应听受。母告子言:汝父信受外道,深着婆罗门法,汝等应往白父,与共俱去。净藏、净眼合十指爪掌白母:我等是法王子,而生此邪见家。母告子言:汝等当忧念汝父,为现神变,若得见者,心必清净,或听我等,往至佛所。

于是二子念其父故,涌在虚空,高七多罗树,现种种神变。于虚空中,行住坐卧,身上出水,身下出火,身下出水,身上出火;或现大身满虚空中,而复现小,小复现大;于空中灭,忽然在地,入地如水,履水如地。现如是等种种神变,令其父王心净信解。

时父见子神力如是,心大欢喜,得未曾有,合掌向子言:汝等师为是谁,谁之弟子?二子白言:大王!彼云雷音宿王华智佛,今在七宝菩提树下,法座上坐,于一切世间天人众中,广说法华经,是我等师,我是弟子。父语子言:我今亦欲见汝等师,可共俱往。

于是二子从空中下,到其母所,合掌白母:父王今已信解,堪任发阿耨多罗三藐三菩提心。我等为父已作佛事,愿母见听,于彼佛所,出家修道。

尔时,二子欲重宣其意,以偈白母:

愿母放我等　出家作沙门　诸佛甚难值　我等随佛学
如优昙钵华　值佛复难是　脱诸难亦难　愿听我出家

母即告言,听汝出家,所以者何?佛难值故。于是二子白父母言:善哉父母!愿时往诣云雷音宿王华智佛所,亲近供养,所以者何?佛难得值,如优昙钵罗华,又如一眼之龟值浮木孔,而我等宿福深厚,生值佛法,是故父母当听我等,令得出家。所以者何?诸佛难值,时亦难遇。

彼时妙庄严王后宫八万四千人,皆悉堪任受持是法华经。净眼菩萨于法华三昧久已通达;净藏菩萨已于无量百千万亿劫,通达离诸恶趣三昧,欲令一切众生离诸恶趣故;其王夫人得诸佛集三昧,能知诸佛秘密之藏。二子如是以方便力,善化其父,令心信解,好乐佛法。

于是妙庄严王与群臣眷属俱,净德夫人与后宫婇女眷属俱,其王二子与四万二千人俱,一时共诣佛所。到已,头面礼足,绕佛三匝,却住一面。

尔时,彼佛为王说法,示教利喜,王大欢悦。尔时,妙庄严王及其夫人，解颈真珠璎珞，价值百千，以散佛上，于虚空中，化成四柱宝台，台中有大宝床，敷百千万天衣，其上有佛，结跏趺坐，放大光明。尔时，妙庄严王作是念：佛身希有，端严殊特，成就第一微妙之色。

时云雷音宿王华智佛，告四众言：汝等见是妙庄严王，于我前合掌立不？此王于我法中作比丘，精勤修习助佛道法，当得作佛，号娑罗树王，国名大光，劫名大高王；其娑罗树王佛，有无量菩萨众及无量声闻，其国平正，功德如是。

其王即时以国付弟，与夫人二子，并诸眷属，于佛法中，出家修道。王出家已，于八万四千岁，常勤精进，修行妙法华经，过是已后，得一切净功德庄严三昧。

即升虚空，高七多罗树，而白佛言：世尊！此我二子，已作佛事，以神通变化，转我邪心，令得安住于佛法中，得见世尊。此二子者，是我善知识，为欲发起宿世善根，饶益我故，来生我家。

尔时，云雷音宿王华智佛，告妙庄严王言：如是！如是！如汝所言！若善男子、善女人，种善根故，世世得善知识，其善知识能作佛事，示教利喜，令入阿耨多罗三藐三菩提。大王当知！善知识者，是大因缘，所以化导，令得见佛，发阿耨多罗三藐三菩提心。大王！汝见此二子不？此二子已曾供养六十五百千万亿那由他恒河沙诸佛，亲近恭敬，于诸佛所，受持法华经，愍念邪见众生，令住正见。

妙庄严王即从虚空中下，而白佛言：世尊！如来甚希有，以功德智慧故，顶上肉髻光明显照，其眼长广而绀青色，眉间毫相，白如珂月，齿白齐密，常有光明，唇色赤好，如频婆果。

尔时，妙庄严王赞叹佛如是等无量百千万亿功德已，于如来前，一心合掌，复白佛言：世尊！未曾有也！如来之法，具足成就不可思议微妙功德，教戒所行，安隐快善；我从今日，不复自随心行，不生邪见、憍慢、瞋恚、诸恶之心。说是语已，礼佛而出。

佛告大众：于意云何，妙庄严王岂异人乎？今华德菩萨是。其净德夫人，今佛前光照庄严相菩萨是，哀愍妙庄严王，及诸眷属故，于彼中生。其二子者，今药王菩萨、药上菩萨是。是药王、药上菩萨，成就如此诸大功德，已于无量百千万亿诸佛所，植众德本，成就不可思议诸善功德。若有人识是二菩萨名字者，一切世间诸天人民，亦应礼拜。

佛说是妙庄严王本事品时，八万四千人远尘离垢，于诸法中，得法眼净。

普贤菩萨劝发品第廿八

尔时,普贤菩萨以自在神通力,威德名闻,与大菩萨无量无边不可称数,从东方来,所经诸国,普皆震动,雨宝莲华,作无量百千万亿种种伎乐,又与无数诸天龙、夜叉、乾闼婆、阿修罗、迦楼罗、紧那罗、摩睺罗伽、人非人等,大众围绕,各现威德神通之力。到娑婆世界,耆阇崛山中,头面礼释迦牟尼佛,右绕七匝。

白佛言:世尊!我于宝威德上王佛国,遥闻此娑婆世界说法华经,与无量无边百千万亿诸菩萨众,共来听受,惟愿世尊当为说之。若善男子、善女子,于如来灭后,云何能得是法华经?

佛告普贤菩萨:若善男子、善女人,成就四法,于如来灭后,当得是法华经。一者,为诸佛护念;二者,植众德本;三者,入正定聚;四者,发救一切众生之心。善男子、善女人,如是成就四法,于如来灭后,必得是经。

尔时,普贤菩萨白佛言:世尊!于后五百岁浊恶世中,其有受持是经典者,我当守护,除其衰患,令得安隐,使无伺求,得其便者。若魔、若魔子、若魔女、若魔民、若为魔所著者、若夜叉、若罗刹、若鸠槃荼、若毗舍阇、若吉蔗、若富单那、若韦陀罗等,诸恼人者,皆不得便。

是人若行若立,读诵此经,我尔时乘六牙白象王,与大菩萨众,俱诣其所,而自现身,供养守护,安慰其心,亦为供养法华经故。

是人若坐,思惟此经,尔时我复乘白象王现其人前,其人若于法华经有所忘失一句一偈,我当教之,与共读诵,还令通利。

尔时,受持读诵法华经者,得见我身,甚大欢喜,转复精进,以见我故,即得三昧及陀罗尼,名为旋陀罗尼、百千万亿旋陀罗尼、法音方便陀罗尼,得如是等陀罗尼。

世尊!若后世后五百岁浊恶世中,比丘、比丘尼、优婆塞、优婆夷,求索者,受持者,读诵者,书写者,欲修习是法华经,于三七日中,应一心精进,满三七日已,我当乘六牙白象,与无量菩萨而自围绕,以一切众生所喜见身,现其人前,而为说法,示教利喜。亦复与其陀罗尼咒,得是陀罗尼故,无有非人能破坏者,亦不为女人之所惑乱,我身亦自常护是人,惟愿世尊!听我说此陀罗尼咒。即于佛前而说咒曰。

阿檀地.檀陀婆地.檀陀婆帝.檀陀鸠舍隶.檀陀修陀隶.修陀隶.修陀罗婆底.佛陀波膻祢.萨婆陀罗尼阿婆多尼.萨婆婆沙阿婆多尼.修阿婆多尼.僧伽婆履叉尼.僧伽涅伽陀尼.阿僧祇.僧伽婆伽地.帝隶阿惰僧伽兜略阿罗帝婆罗帝.萨婆僧伽地三摩地伽兰地.萨婆达磨修波利刹帝.萨婆萨埵楼驮憍舍略阿〔少+兔〕伽地.辛阿毗吉利地帝。

世尊!若有菩萨得闻是陀罗尼者,当知普贤神通之力。若法华经行阎浮提,有受持者,应作此念,皆是普贤威神之力。

若有受持读诵,正忆念,解其义趣,如说修行。当知是人行普贤行,于无量无边诸佛所,深种善根,为诸如来手摩其头。

若但书写,是人命终当生忉利天上,是时八万四千天女,作众伎乐而来迎之，其人即着七宝冠于婇女中，娱乐快乐，何况受持读诵，正忆念，解其义趣，如说修行。若有人受持读诵，解其义趣，是人命终，为千佛授手，令不恐布，不堕恶趣，即往兜率天上弥勒菩萨所。弥勒菩萨有三十二相，大菩萨众所共围绕，有百千万亿天女眷属而于中生，有如是等功德利益。

是故智者应当一心自书，若使人书，受持读诵，正忆念，如说修行。

世尊！我今以神通力故，守护是经，于如来灭后，阎浮提内，广令流布，使不断绝。

尔时，释迦牟尼佛赞言：善哉！善哉！普贤！汝能护助是经，令多所众生安乐利益，汝已成就不可思议功德，深大慈悲，从久远来，发阿耨多罗三藐三菩提意，而能作是神通之愿，守护是经，我当以神通力，守护能受持普贤菩萨名者。

普贤！若有受持读诵，正忆念，修习书写是法华经者，当知是人，则见释迦牟尼佛，如从佛口，闻此经典；当知是人，供养释迦牟尼佛；当知是人，佛赞善哉；当知是人，为释迦牟尼佛手摩其头；当知是人，为释迦牟尼佛衣之所覆。

如是之人，不复贪着世乐，不好外道经书手笔，亦复不喜亲近其人及诸恶者，若屠儿，若畜猪羊鸡狗，若猎师，若炫卖女色。是人心意质直，有正忆念，有福德力，是人不为三毒所恼，亦不为嫉妒、我慢、邪慢、增上慢所恼，是人少欲知足，能修普贤之行。

普贤！若如来灭后，后五百岁，若有人见受持读诵法华经者，应作是念：此人不久当诣道场，破诸魔众，得阿耨多罗三藐三菩提，转法轮，击法鼓，吹法螺，雨法雨，当坐天人大众中师子法座上。

普贤！若于后世，受持读诵是经典者，是人不复贪着衣服、卧具、饮食资生之物，所愿不虚，亦于现世得其福报。

若人有轻毁之言：汝狂人耳，空作是行，终无所获。如是罪报，当世世无眼。若有供养赞叹之者，当于今世得现果报。若复见受持是经者，出其过恶，若实，若不实，此人现世得白癞病；若有轻笑之者，当世世牙齿疏缺、丑唇、平鼻、手脚缭戾、眼目角睐、身体臭秽、恶疮脓血、水腹短气、诸恶重病。

是故普贤，若见受持是经典者，当起远迎，当如敬佛。

说是普贤劝发品时，恒河沙等无量无边菩萨得百千万亿旋陀罗尼，三千大千世界微尘等诸菩萨具普贤道。

佛说是经时，普贤等诸 菩萨，舍利弗等诸声闻，及诸天龙人非人等，一切大会，皆大欢喜，受持佛语，作礼而去。

www.ingramcontent.com/pod-product-compliance
Lightning Source LLC
Chambersburg PA
CBHW030116100526
44591CB00009B/416